MARGHERITA SPORTELLI

IL NON AGIRE

La filosofia cinese di wu wei

Margherita Sportelli, sinologa, è laureata in Lingue e Letterature Orientali all'Università di Venezia. Ha risieduto in Cina negli anni 1986-1989 partecipando a un progetto governativo di cooperazione per lo sviluppo.
Ha svolto attività di docenza per SDA Bocconi, Fondazione Cuoa di Vicenza, Fondazione European School of Management Italia (ESCP – EAP), Ispi, il Sole 24 Ore Formazione, Camera di Commercio Italo Cinese, Istituto Italo Cinese e Fondazione Italia Cina. È docente dei corsi per mediatori culturali e svolge attività di educazione scolastica nei settori dell'antropologia sinologica e dell'intercultura. È stata redattrice di «Cina Notizie», è membro del Comitato scientifico dei «Quaderni Asiatici» e ha curato numerose pubblicazioni specialistiche.
Tra le produzioni di carattere divulgativo, per Xenia ha pubblicato *L'astrologia cinese* (2001), *Segreti orientali di salute, bellezza e rilassamento* (2004), *Il tè* (2005), *La mediazione culturale* (2008) e *Il confucianesimo* (2010).

Ad Andrea,
dedico la parabola della quercia sacra,
a Federica Romana
il dialogo di Confucio con Zilu sulle sei Virtù
e le corrispondenti mancanze.

Progetto grafico della copertina: Andrea Dilemmi

Prima edizione: 2006
Prima ristampa: ottobre 2019

Xenia è un marchio Ibis
www.xenia.it e www.ibisedizioni.it

Wu Wei significa letteralmente «non agire», ma questa
non è una filosofia della inazione: ogni civiltà
ha la sua utopia, quella della civiltà cinese è stata
da almeno tre Millenni «l'insegnamento senza parola,
l'attuazione senza atto volontaristico».

Perfezione del silenzio, oltre il logos.
Perfezione dell'azione naturale e sociale, oltre i compiti
e le intenzioni.
... Come l'acqua...
Non entra in competizione,
si adagia nel luogo che le moltitudini disprezzano,
e così facendo si avvicina alla Via.

È possibile?
Nel mondo in cui rumoreggia un continuo
vociare di bocche instancabili,
nel quale la paura ossessiva della invisibilità ci condanna
a una continua presenza?
Ed è forse importante che sia possibile?
Forse...

«La filosofia può essere considerata come una cartolina
postale, che è stata scritta con l'intenzione di arrivare
a destinazione ma che in realtà non lo fa.
La filosofia che raggiunge la destinazione e che si
distrugge in quest'ultima cessa di essere filosofia vera».
(Jacques Derrida, *La carte postale*)

Prefazione
Pensieri sparsi, verso la filosofia cinese

Mio padre, grande amatore di musica classica, ascoltava Falstaff in televisione; mia madre, grande appassionata di disciplina, correggeva i compiti scolastici: io pensavo di non essere in grado di accettare il quotidiano.

Riflettevo: forse ho vissuto tutto «intellettualmente» e non sono ancora nata alla vita reale, così ora sono come cieca, brancolo in uno spazio prenatale o sono rimasta in uno spazio gelato, dimenticato, dove non c'è vera vita ma non ne abbiamo coscienza.

Perché il vecchio ulivo quest'anno se ne stava in silenzio e mi negava il racconto di una storia semplice, di un passato che avrebbe potuto aiutarmi a ricostruire la mia storia?

Ricordai di aver provato una improvvisa felicità spiando gli appunti di una suora che sedeva diligente in vaporetto: *che cos'è la virtù? La capacità di agire in modo facile, stabile, gioioso.*

Una verità luminosa, semplice come la vita.

Un punto di riferimento, per continuare a vivere, può essere anche la busta dei biscotti di pasta frolla della prima colazione.

Invidiavo la salda, serena risolutezza di mia nonna, il suo immutato andare vestita di nero, ricca dei suoi convincimenti e forte delle sue verità, determinata nello sgranare il rosario come nell'impastare frittelle e polpette di pane, matriarca per vocazione.

Poter abbicare le idee, come i contadini i covoni! Invece quelle continuavano ad andarsene sparse in viaggio per la mente.

Desideravo abbarbicarmi alla mia terra abbronzata e tener compagnia alle radici dei tronchi nodosi, desideravo possedere la giovinezza gioiosa e sfrontata di mia sorella, il fermo dogmatismo di mia madre o la serena solitudine di mio padre; ma me ne stavo con i miei pensieri, le mie congetture e i concetti della mia filosofia, e nessuna probabilità di mutare la mia indesiderata natura.

Fu così che incontrai la saggezza cinese e, a partire da un biscotto di pasta frolla e da un panino cotto al vapore, come Europa rapita da Zeus, approdai su una nuova antichissima plaga.

Eurasia

> «Sulla spiaggia di Sidone un toro tentava di imitare un gorgheggio amoroso. Era Zeus. Fu scosso da un brivido come quando i tafani lo pungevano. Ma questa volta un brivido dolce. Eros gli stava mettendo in groppa la fanciulla Europa».
> (Roberto Calasso, incipit di *Le nozze di Cadmo e Armonia*)

Poi il toro scende in acqua e nuota dalla costa asiatica verso terre senza nome.

Tutto era cominciato al mattino, all'alba, mentre Europa dormiva nel palazzo reale e sognava...

> «Si trovava fra due donne, una era l'Asia, l'altra era la terra che le stava di fronte, e non ha un nome. Le due donne si battevano con violenza per lei. Ciascuna la voleva per sé.
> L'Asia sembrava a Europa una donna del suo paese; l'altra era per lei una totale straniera. E la straniera alla fine, con mani possenti la trascinava via».

Il mito di Europa è quello fondante della nostra civiltà, che non si distacca dalle sue origini asiatiche.

Eppure c'è un momento della nostra storia in cui la peculiarità greca si distacca dal continente asiatico, «come una delle isole vicine alla costa anatolica, ancora frastagliate secondo il disegno dell'immane corpo materno. Quel momento è la scoperta di un profilo, di una nuova nettezza, di una secca luce diurna. È l'entrare in Zeus, nella chiarità meridiana... In Omero, ciò che è bello e buono è anche abbacinante. Rifulgono le corazze da lontano, i corpi da vicino. Eppure, intorno a loro, mentre gli aedi cantavano l'Iliade, i Greci avevano ben poco di splendido. Finiti i palazzi dagli alti soffitti, incendiati o distrutti. Finiti i gioielli asiatici. Finite le coppe di oro sbalzato. Finiti gli imponenti carri da guerra. Lo splendore era tutto nella mente. Fra gli oggetti che toccavano, c'erano anfore e vasi dove si ripetevano, testarde, figurazioni geometriche, come se di colpo avessero pensato che una cosa sola importava: il profilo, la linea angolosa e netta, la separazione».[1]

L'eredità della «linea greca» è un gravoso e meraviglioso fardello della nostra civiltà, che ci costringe da secoli a delineare una tesi, definire i principi, contrapporre le antitesi, individuare una sintesi, in rigorosa quanto luminosa, lucida consequenzialità.

> «Il *logos*, quando appare, annienta... l'accumulo di detriti che è in ogni esperienza, la coazione a ripetere ogni dettaglio. [...] Il *logos* trafigge in un atomo del tempo ciò che i rapsodi erano avvezzi a ricucire e a ripetere per fumose notti senza fine. [...].
> Fu quella una ebbrezza che non aveva precedenti. Dall'Oriente erano venute storie più occulte di altre storie. Ma qui di storie non si trattava più. Erano enunciati scarni, in paragone, che imprimevano sulle cose il sigillo del "ciò che è".
> E quel sigillo permaneva chiuso in se stesso, fiero, immobile, come l'epsilon incisa nel tempio di Delfi. Lì per la prima volta i sacerdoti scoprirono come quella conoscenza che è potere non derivi soltanto dalle storie segrete degli dei, ma dal sillogismo ipotetico»[2].

La vocazione del pensiero orientale a ripetere e indurre all'azione attraverso associazioni suggestive e storie epiche, occulte o almeno ambigue, è quanto di più distante si possa immaginare da quel *logos* nascente sull'altra sponda della civiltà, dove Europa era approdata, strappata alla nativa terra asiatica, cavalcata dalla potenza meridiana del dio.

L'Asia ha conservato gelosa la sua potenza affabulatoria, la vena epica, il mito dell'equilibrio tra una vocazione meridiana e una più oscura, tra il versante in ombra della montagna e quello esposto alla luce del sole, per non sacrificare neppure un grammo e neppure alla potenza del *logos* la completezza del binomio *yin-yang*, solare e lunare, luminoso e ombroso.

[1] Calasso, Roberto, *Le nozze di Cadmo e Armonia*, Adelphi, Milano, 1988, pp. 122-123.

[2] *Ibidem*, pp. 178-179.

Europa verso casa

Rapita da Zeus, immersa nella luce accecante dell'esperienza dialettica, che avrebbe dovuto consegnarle le chiavi razionali della pura conoscenza e il possesso della verità disvelata, Europa di tempo in tempo, e appena varcate le soglie del nuovo Millennio, sogna un antico sogno: l'Asia sembrava a Europa una fanciulla del suo Paese…

Perdere il controllo potente del *logos*, per affidarsi alla corrente del *dao*, alla forza della vita, alla energia dei contrari, senza forzare o pregiudicare con le briglie dell'intelletto le potenzialità infinite e infinitamente mutevoli dell'esistente.

> «Vado a vela: non domino la mia barca ma cerco di sedurla, di accompagnarla, di coccolarla.
> La forza sprigionata dalle sue vele è infinita.
> Eppure, quando l'assetto è equilibrato, posso "passare" un fazzoletto di carta sulla barra e timonare così, senza lacerarlo.
> Non c'è nulla di altrettanto sinfonico, nel mondo, che coniughi l'equilibrio tra le forze antagoniste.
> Se così non fosse, come potrebbe una barca a vela procedere controvento?».
> (Da una intervista di Nicolò Carnimeo a Donatello Bellomo)

Capitolo 1

Wu wei: lo stile cinese dell'azione senza contrapposizione

Lo stile cinese

«*Noi siamo poco informati sulla stilistica cinese, ancor meno che sulla lingua*» ci suggerisce Marcel Granet e c'è davvero da chiedersi quali siano le caratteristiche distintive dello stile cinese, nei comportamenti linguistici e nel pensiero, per comprendere il senso della profonda specificità del mondo cinese. La parola implica il silenzio, l'azione implica l'inazione. Lo stile cinese si traduce in un equilibrio del ritmo.

Agli stessi sinologi occidentali, impegnati nelle questioni di stile, troppo spesso capita di focalizzare la ricerca sulla puntualità degli aspetti filologici, e già la datazione e corretta collocazione delle opere cinesi è impegno affatto gravoso, altre volte di fissare definizioni distintive della prosa cinese, riconoscendo due principali filoni nello stile storico-documentario della prosa degli annali, ascrivibile per gran parte della sinologia all'arte degli scribi, e in quello filosofico, che si fa discendere dagli indovini e dalla tradizione religiosa e divinatoria.

Eppure più convincenti appaiono le ragioni che il Granet adduce a conferma della sua supposizione che i modi di dire della prosa letteraria cinese non si differenziassero affatto da quelli che usava la poesia antica[1].

È come se Granet ci dicesse, con estrema e ardita semplificazione, che la prosa cinese e la stessa lingua cinese abbiano una risonanza poetica, siano dotati della stessa natura della poesia, e che questa caratteristica distintiva conferisca loro una particolare forza agente, che trae sostanza ed energia dai ritmi.

[1] Granet, Marcel, *Il pensiero cinese*, Adelphi, Milano, 1971, pp. 43-61.

«La poesia da cui la prosa arcaica o arcaicizzante deriva i suoi modi appare, non come una poesia dotta, ma semplicemente come una poesia di tipo religioso. Queste ipotesi... rendono ragione... dei caratteri più notevoli dello stile cinese.
I Cinesi, quando parlano e quando scrivono, si esprimono uniformemente impiegando delle formule consacrate. Essi compongono i loro discorsi con l'aiuto di sentenze che concatenano ritmicamente. Ritmi e sentenze concorrono a dotare di autorità le frasi e le sequenze. Queste (così come le parole hanno valore per la loro forza attiva) mirano soprattutto a un effetto di azione».

La letteratura cinese si compone di centoni, la lingua cinese di espressioni convenzionali, in un continuo rimando di citazioni, senza alcun gusto delle combinazioni inedite. Le immagini tornano senza posa: «Ecco che cadono le prugne!» ed «Ecco che canta il rigogolo!», e si riferiscono soprattutto alle stagioni autunnale e primaverile, i periodi delle grandi feste della comunità.

Lo stesso paesaggio rituale evoca le stesse immagini e queste, con la loro forza di emblema, sono dotate di una reale capacità di invito all'azione conforme alle leggi di natura, alla correttezza del comportamento rituale.

La parola ha per i cinesi una potente forza agente ed è per questo che va utilizzata con cautela, consacrata nell'emblema, avendo il potere di indurre l'unica forma corretta di azione, quella senza contrapposizione, l'azione come risposta a un ritmo di natura.

«La parola, come la formula stessa, non è in cinese un semplice segno ma un emblema, perché la parola giusta non è un termine dall'accezione chiara e distinta, ma un'espressione in cui esplode la forza che sollecita e che costringe. [...].
Ogni autore prende a prestito dalla tradizione, ma basta che sia differente lo spirito dell'esposizione in cui è inserita perché la storiella tradizionale valga a provocare i più diversi movimenti di pensiero. Gli aneddoti stereotipi formano un fondo cui attingono gli autori più originali [...].
Essi dispongono lo spirito ad accettare una suggestione. Non fanno penetrare in un ordine logico, in un ordine delle idee determinato dall'inizio [...]. Il pensiero si propaga [...]. Non è chiamato ad accettare le idee, nei particolari e nel loro insieme, dopo essere stato ammesso a controllarle analiticamente. Dominato da una suggestione globale, si trova invece coinvolto di colpo in un intero sistema di nozioni [...].

> Questa letteratura varia, potente, raffinata, si preoccupa poco delle forme discorsive. La prosa più dotta conserva lo stesso ideale della poesia più arcaica. Preferisce i simboli che parlano con maggiore autorità. Poco importa se non possono evocare concetti chiari e distinti, l'essenziale è che suggeriscono con forza e impongono l'adesione. La parola scritta (aiutata dalla scrittura emblematica) vuole innanzitutto conservare la piena efficacia della parola viva; essa si applica a conservare il potere dei canti che accompagna una mimica rituale»[2].

Anche il fisico americano Fritjof Capra, noto per i suoi studi sulle implicazioni filosofiche della scienza moderna, nell'impatto con il pensiero cinese, ne mise in evidenza l'efficacia simbolica della parola, al di là della ricerca di quei concetti chiari e distinti sui quali l'Occidente focalizzò il proprio interesse, ma che non ne avrebbero mai uguagliato il potere suggestivo:

> «La parola cinese classica era molto diversa da un segno astratto che rappresenta un concetto chiaramente delineato. Era piuttosto un simbolo efficace, che aveva un forte potere di suggestione perché richiamava con vivacità alla mente un complesso indeterminato di vivide immagini e di emozioni. L'intenzione di chi parlava non era tanto quella di esprimere un'idea intellettuale, quanto di toccare e influenzare l'ascoltatore.
> Analogamente, il carattere scritto non era semplicemente un segno astratto, ma una forma organica – una *Gestalt* – che conservava l'intero complesso di immagini e il potere suggestivo della parola»[3].

Si faccia l'esempio di Gui, il danzatore rituale su un solo piede (*yi zu*): in alcuni casi bastava evocare il nome Gui, oppure citare *Gui yi zu*, per alludere a un ministro efficace da solo nel condurre gli affari di Stato, o per indicare che l'abilità del movimento non dipende dal numero dei piedi. E l'uno o l'altro dei significati prevaleva nel contesto del discorso, ove di volta in volta si risvegliava l'idea che l'efficacia derivi dalla semplice conservazione dei caratteri di natura o che il principio dell'efficacia discenda dall'adesione di ciascuno alla propria funzione.

[2] Granet, Marcel, *op. cit, ibidem.*

[3] Capra, Fritjof, *Il tao della fisica,* Adelphi, Milano, 1982, p. 122

La danza su un piede, uno dei grandi doveri del sovrano nella tradizione sciamanica e pre-Han, si è conservata d'altronde anche in Thailandia e Cambogia fino alle soglie del Novecento[4].

Storielle, espressioni allusive e citazioni si susseguono nelle opere prosastiche come in poesia senza che il compilatore senta il bisogno di indicarne le connessioni, come senza cesura se non quella del ritmo, che allora assume un significato tanto rilevante per la comprensibilità del testo quanto esso lo ha in poesia. Locuzioni semplicemente giustapposte e prive di indicatori morfologici, come è proprio della lingua cinese, e formule stereotipe si susseguono senza influenzarsi: tutti gli elementi del discorso, posti sullo stesso piano e non subordinati l'uno all'altro da indicatori sintattici, conservano una sorta di gelosa indipendenza che ha fatto sì che i linguisti definissero poi la lingua cinese come «isolante». È la posizione di ciascun elemento a renderlo significante nel contesto, sebbene anche le regole di posizione non siano univoche e valide in ogni caso: in questo contesto linguistico e semantico così diffuso, nel quale il significato si propaga piuttosto che trasmettersi analiticamente, nulla farebbe distinguere la proposizione dominante dalle subordinate, se non il ritmo interno del discorso, così per capire è necessario che la voce scandisca, ripetendo il ritmo e rendendolo a poco a poco significante.

Ecco perché, dall'antichità a oggi, l'apprendimento del cinese come lo stile cinese di apprendimento sono consistiti in una recitazione scandita dal maestro e ripetuta dagli allievi, non affiancata da alcuna esercitazione di analisi logica. Comporre in cinese significa ricorrere a un ritmo: la parola diventa azione ritmata, risonante.

Si consideri infine che, durante le feste stagionali, ragazzi e fanciulle nel mondo cinese antico gareggiavano in coro, componendo strofe a ritmo alternato e rispondendosi alternativamente, e che ciascuna strofa non rappresentava che una variante di due temi principali, uno dei quali registra un segnale dato agli uomini dalla natura e l'altro ne rappresenta la risposta umana.

I temi – i segnali della natura e i gesti e le formule con cui gli uomini vi rispondono e corrispondono – messi in relazione dalla loro perfetta simmetria ritmica, consacrano l'azione umana

[4] Granet, Marcel, *Dances et légendes de la Chine Ancienne*, 2 voll., Les Presses universitaires de France, Parigi, 1926, 1994 (3e Éd.), pp. 505 - 509.

(espressa dalla parola e dalla parola stessa suggerita o indotta) come la corretta risposta alla natura, in un ritmo, in una danza sacri, che definiscono l'ideale della proprietà dell'agire nell'azione senza contrapposizione.

Nella nostra civiltà, abbiamo atteso a lungo l'analisi della «parola performativa», fino a che, nello studiare il linguaggio, J. L. Austin ha messo in discussione l'assunto per il quale esso dovrebbe essere soltanto e riduttivamente enunciativo del reale, descrivendo ciò che oggettivamente è, o evocare azioni, pensieri, emozioni, per farlo diventare anche «azione», proprietà dell'agire.

La formulazione delle parole diventa l'atto in questione, non differentemente dalla parola cinese antica, azione nel ritmo vocale, azione nel gesto del calligrafo.

J.L. Austin elabora l'espressione di «parola performativa», dall'inglese *performative utterance.* Partendo da questo presupposto, Fingarette riconosce a Confucio un apporto fondamentale alla filosofia moderna e contemporanea nel mettere in discussione schemi e abitudini concettuali, nonché il primato della logica aristotelica, per ipotizzare alla fine la possibilità di una filosofia morale che testimoni il proprio debito verso la funzione «performativa» del linguaggio e l'interdipendenza con le convenzioni sociali.

Per esempio, nella lingua cinese, *ming* (nome) è foneticamente affine a *ming* (decreto, comando ma anche destino), anche se non omofono, perché in cinese ogni carattere è dotato di tono e nelle due parole in questione la differenza di tono (ascendente per il *ming* che indica il nome e discendente per il *ming* che indica il decreto) le differenzia al di là dell'affinità e le contraddistingue comunque al di là della somiglianza.

Non è affatto casuale che per Confucio «il denominare, decreti», ovvero che «dare un nome definisca una funzione» e decreti il ruolo sociale: saranno suddito o sovrano, padre o figlio, coloro che vengano chiamati sovrano o suddito, padre o figlio.

È perciò che, interrogato sull'arte del governo, Confucio prima di tutto indica la strada della «rettificazione» dei nomi, ovvero la correttezza del linguaggio a garanzia della correttezza dell'azione – della funzione – sociale:

> «Zilu chiese: "Il signore di Wei vi attende per affidarvi un incarico di governo: che cosa farete dapprima?".

Il Maestro rispose: "Indubbiamente restituirò ai nomi il loro significato".
"Come siete astratto!" osservò Zilu. "Cosa vuol dire restituire ai nomi il loro significato?".
Il Maestro disse: "Quanto sei incolto, Zilu! L'uomo nobile di animo preferisce tacere su questioni che ignora! Se ai nomi non è conferito il loro significato, il discorso è incoerente e, se il discorso è incoerente, non si perviene a nulla, le antiche norme rituali e la musica non fioriscono; se le antiche norme rituali e la musica non fioriscono, leggi e punizioni non si applicano correttamente; se leggi e punizioni non si applicano correttamente, il popolo non sa dove poggiare mani e piedi. Perciò, quando un uomo nobile di animo fissa per una cosa un nome, tale nome può essere certamente pronunciato e, se pronunciato, divenire realtà.
Ecco perché nell'esprimersi egli è prudente"»[5].

Confucio dunque ci insegna a pensare noi stessi, ancora nella modernità, come in un contesto di comportamenti ritualizzati dei quali è difficile avere chiare percezione e coscienza, ma che interagiscono con parole e gesti «performativi», essendo peraltro l'atto rituale dotato di una efficacia affatto differente da quella dell'atto calcolato e finalizzato allo scopo, in quanto diffonde la propria influenza attraverso interrelazioni complesse delle quali l'attore non ha cosciente e piena consapevolezza per averle interiorizzate culturalmente.

L'uomo virtuoso, lungi dalla conoscenza astratta delle convenzioni, dalla loro concettualizzazione, agisce attraverso di esse con spontanea naturalezza e migliora così il mondo, pur non facendo nulla.

Graham suggerisce che la propensione di Confucio per un ordine così realizzato «ha in sé il riconoscimento del fatto che il sacro, inteso come potere di fare il bene, non dipende dalla volontà individuale né trae origine da un dominio degli spiriti esterno all'uomo, ma è inerente alla spontaneità delle relazioni ritualizzate tra le persone»[6].

[5] Confucio, *Dialoghi* (trad. e cura di Tiziana Lippiello), Einaudi, Torino, 2003, XIII, 3, pp. 147-149.

[6] Graham, Angus C., *Disputers of the Tao. Philosophical Argument in Ancient China*, Open Court Publishing Company, La Salle, Illinois, 1989, trad. it. La ricerca del Tao. *Il dibattito filosofico nella Cina classica*, Neri Pozza Editore, Vicenza, 1999, p. 25

La stessa virtù confuciana del *ren* è virtù pienamente umana: è sacra, ma agisce in mezzo agli uomini, come benevolenza e umanità operanti attraverso l'azione nello spazio-tempo pubblico, avendo una persona come punto di partenza e un'altra come punto terminale.

Non appare esserci dicotomia, nella filosofia cinese, tra forma e apparenza – e quindi tra azione ritualizzata e azione spontanea – come essa non sussiste tra spazio esteriore e spazio interiore, sentimenti interni ed espressione esterna, essendo la differenza primaria mente-corpo questione dell'Occidente, estranea al pensiero orientale e particolarmente a quello cinese, che nella stessa lingua non distingue, ma coniuga e ricongiunge nel carattere del «cuore» – *xin* – tanto l'organo del pensiero quanto quello del sentimento, pacificando a priori l'insanabile e sofferente distanza della nostra cultura tra ragione e sentimento.

Quanti diano per scontato, secondo le proprie categorie culturali, che Confucio localizzi il suo *ren* nell'interiorità dell'uomo – nel suo cuore, dunque – piuttosto che al suo esterno, devono dunque ravvedersi, non essendoci per Confucio alcuna contraddizione tra interiorità ed esteriorità.

Il cuore dell'uomo è organo delle attività gnoseologiche, percettive e sentimentali al contempo, luogo della sua relazione con lo spazio-tempo pubblico, con l'altro da sé, mentre l'uomo si configura non tanto nelle sue qualità di individuo quanto piuttosto in quelle delle sue «relazioni sociali» e ogni sua azione non tanto in un'azione di contrapposizione o affermazione di sé quanto in un'azione di relazione.

È chiaro che in questo specifico contesto culturale Confucio ci offre la possibilità, anche nella modernità, di ripensare le nostre categorie di scelta e responsabilità: il suo uomo sociale non ha responsabilità individuali ma responsabilità sociali e la scelta, nel senso più ampio del termine, diventa più propriamente «azione ponderata».

> «Il Maestro disse: "Per chi non si domandi: Che cosa devo fare? Che cosa devo fare? non vi è nulla che io possa fare"»[7].

[7] *Dialoghi, op. cit.*, XV, 16, p. 187.

La guida alla scelta dell'azione non è il pensiero riflessivo o astratto, ma più concretamente lo studio:

> «Il Maestro disse: "Una volta rimasi un intero giorno senza mangiare e un'intera notte senza dormire per riflettere: non pervenni a nulla. Meglio sarebbe stato se avessi dedicato il mio tempo allo studio"»[8].

La scelta confuciana infatti non implica alternative, ma è guidata dall'imperativo categorico dello studio: apprendere fino a ottenere la conoscenza e, ottenuta la conoscenza, agire lasciando che il nostro orientamento si determini spontaneamente, che l'inclinazione volga verso il corso naturale, la corretta direzione, senza artificiosa contrapposizione, ma nell'alveo migliore della nostra umanità.

La prospettiva cinese prevede che quell'azione parta da motivazioni spontanee, da un moto dell'animo e che alla fine, ancor prima di chiedermi «Che cosa devo fare?», io sappia che fare e lo faccia quasi senza pensarci, essendo già attratto nell'una o nell'altra direzione:

> «Il Maestro disse: "Il sapiente è privo di dubbi, l'uomo dotato di benevolenza è senza assilli e l'audace senza timori"»[9].

I filosofi e le scuole

Le argomentazioni dei filosofi seguono lo stile della ripetizione dei centoni e, per quanto ci sia chi abbia argomentato più analiticamente e chi più si sia affidato alla suggestione del ritmo, in tutti gli stili si avverte la risonanza segreta di questa tradizione.

L'incontro con la profondità del pensiero cinese ci impone perciò la «decostruzione» di schemi concettuali prestabiliti: se, come ci suggerisce Granet, «il cinese non sembra organizzato per annotare concetti, analizzare idee, esporre discorsivamente dottrine», ma «nel suo insieme, esso è costruito per comunicare atteggiamen-

[8] *Dialoghi, op. cit.*, XV, 31, p. 191.
[9] *Dialoghi, op. cit.*, IX, 29, p. 103.

ti sentimentali, per suggerire condotte, per convincere, per convertire», per comprendere il senso del pensiero cinese non potremo far leva su un materiale incoraggiante di segni chiari e distinti, ma dovremo abbandonarci alle potenzialità nascoste, che potremo anche percepire come pericolose e ignote, di una comunicazione che avanza in modo sotterraneo, priva di quelle gradualità e linearità dalle quali la nostra cultura ci rende dipendenti e per le quali noi procediamo attraverso l'analisi dei dettagli, particolare per particolare e in maniera discorsiva.

Il pensiero cinese invece avanza in blocco e senza cesure, e d'un colpo solo tende a trasmettere il senso, con un portato gravido di ritmi e di simboli.

Date queste premesse, non ci si meravigli che le scuole che lo hanno prodotto abbiano posto come ideale di insegnamento un insegnamento senza parole: ciò equivale a dire che, per i filosofi della Cina classica, l'ideale del discorso è un discorso senza parole, e quello dell'azione un'azione priva di volontà di azione.

I protagonisti di questo percorso, dell'insegnamento senza parole e dell'azione senza azione (*wei wu wei* o semplicemente *wu wei*), sono i filosofi, ma più proprio sarebbe definirli «saggi», che nei testi cinesi antichi sono chiamati *zi*, «maestri»: così Lao Dan sarà il maestro Lao (*Laozi*), Zhuang Zhou sarà il maestro Zhuang (*Zhuangzi*), Mo Di il maestro Mo (*Mozi*) e Kong Qiu o Kong Zhongni l'eccellente tra i maestri, *Kongzi* o *Kongfuzi*, da cui deriva la sua latinizzazione in Confucio.

Come è accaduto per le altre civiltà del mondo antico, il pensiero cinese sviluppa le matrici della sua migliore creatività in quei secoli che Jaspers chiamò «Periodo Assiale» e che, dall'800 al 200 circa a.C., corrispondono anche all'era dei pensatori greci, dei profeti d'Israele, dei filosofi indiani.

In Cina, il fermento del suo pensiero creativo e delle sue filosofie, benché si ispirasse all'epoca aurea e passata dei Zhou (che la datazione tradizionale fa risalire al 1122 a.C., ma le ultime ricerche del Navison spingono addietro, fino al 1040 a.C.) – durante la quale le terre, di proprietà del Figlio del Cielo, venivano assegnate in via pacifica ed ereditaria a feudatari legati alla corte da vincoli di consanguineità e fedeltà, tenuti a porgerle periodici omaggi, mentre più in basso si estendeva una classe di «cavalieri» in via gerarchica, fino a quelli di grado minore che, coltivando direttamente la terra, potevano di fatto essere equiparati a una classe di «nobili contadini» – in realtà si originava, nella nostalgia di quelle origini di pace feudale, in un'epoca invece travolta dai conflitti intestini e dall'instabilità di piccoli stati in continua guerra tra loro, che infatti è stata denominata dalla storiografia «Periodo degli Stati Combattenti» (dalla fine del V secolo all'unificazione dell'impero centralizzato nel 221 a.C.). A seguito di continue guerre e disordini, andavano via via nascendo feudi più potenti, che si ergevano periodicamente a stati indipendenti e sceglievano i propri ministri e funzionari non più in base ai vincoli parentelari o ai natali, ma sulla base delle abilità e delle competenze personali, soprattutto di amministrazione e organizzative.

Nasceva così la burocrazia potente, che avrebbe poi retto il Celeste Impero, prima ancora che questo vedesse la luce sotto il cielo cinese.

Verso la fine del periodo Zhou e nell'epoca turbolenta degli Stati Combattenti venivano così riconosciute quattro classi della società, in ordine di importanza di funzione per lo stato: cavalieri, contadini, artigiani e mercanti. Quando però Qin Shihuangdi, sovrano dello stato di Qin, riunificò la Cina nel 221 a.C., dando avvio alla storia di un grande impero unitario, la Cina divenne quell'impero centralizzato governato da una burocrazia di letterati nominati dall'alto, che andò progressivamente sostituendo l'aristocrazia ereditaria del feudalesimo Zhou e la parola shi, originariamente indicante la classe dei «cavalieri», continuò a essere usata, ma per denominare i «letterati», pur mantenendo congiuntamente la stessa accezione di «funzionari» che valeva sia nei tempi antichi, nei quali questi erano «cavalieri», e sia nella nuova era, nella quale essi erano appunto i «letterati».

Tutti i pensatori del periodo classico o, secondo la denominazione di Jaspers, del «Periodo Assiale», prima della formazione dell'impero unitario e negli sconvolgimenti politici dell'era degli Stati Combattenti, si collocano in questa classe fluida ma determinante per la formazione dei costumi e della organizzazione della società cinese, includendo tanto gli appartenenti a quelle scuole di pensiero che andavano dibattendo dell'opportunità di accettare incarichi di governo in tempi degenerati (i confuciani), quanto le correnti pragmatiche e razionaliste di coloro che provenivano dal mondo delle arti e dei mestieri (i moisti), e anche quanti andavano sostenendo che fosse preferibile, in tempi di pericolosa incertezza e grave instabilità, rifiutare ogni coinvolgimento mondano e carica ufficiale per ritirarsi a vita privata (i taoisti).

Il quesito che andavano ponendosi, al di là delle differenti vocazioni di corrente, tuttavia non era, come è accaduto in secoli di filosofia occidentale «quale sia la verità», ma come seguire «la via», ovvero come regolare la società e condurre l'esistenza individuale, senza forzare le leggi di natura e assecondando la vocazione dell'uomo.

Il confucianesimo trovò la sua risposta in un'etica fondata sui più durevoli legami sociali, ponendo in correlazione il binomio «sovrano-suddito» con quello «padre-figlio» e quello «passato-presente» con quello «antenato-discendente», nel rispetto di un ordine gerarchico improntato alla benevolenza dall'alto e alla lealtà dal basso e delle prescrizioni cerimoniali, in grado di perpetuare la continuità delle tradizioni e il patrimonio della civiltà.

Il legalismo preferì indicare la via di un rigore amministrativo e legislativo che contribuisse alla formazione di uno stato razionalizzato con tecniche di organizzazione imperiale senza precedenti.

La scuola Yin-Yang elaborò una proto-scienza nella visione cosmologica della organizzazione della comunità, microcosmo improntato alle leggi naturali del macrocosmo, mentre il taoismo pose in relazione diretta e personale l'individuo con il cosmo.

Infine i moisti furono maestri razionalisti, ma improntarono la loro vena razionalista alla via del pragmatismo e la fecero soggiacere alle leggi di utilità[10].

Indipendentemente dalle diverse vocazioni di pensiero e dalle differenti scuole, quel che resta però la differenza fondamentale tra le tradizioni filosofiche cinesi rispetto a quelle d'Occidente è il destino della logica. In Occidente essa ha sempre avuto un ruolo centrale e, anche quando i testi e le fonti sono andati perduti, l'*Organon* aristotelico, tradotto da Boezio nella lingua latina, è sempre rimasto disponibile, faro acceso a illuminare le ragioni del pensiero razionalista. In Cina invece la proto-logica dei sofisti e le esercitazioni razionaliste del tardo moismo, fioriti nel VI secolo

[10] La classificazione cui ci si riferisce è quella di Angus C. Graham in *Disputers of the Tao. Philosophical Argument in Ancient China*, *op. cit.*

a.C. e ancora abbastanza vivi da influenzare la rinascita filosofica che si determinò intorno al IV secolo d.C., si rendevano però disponibili in frammenti documentaristici mutili già allora non meno di oggi.

L'opera di Mozi, padre del moismo razionalista, chiamata essa stessa *Mozi*, scomparve pressoché integralmente nel corso del VII secolo e l'intero testo non fu recuperato che nel XVI secolo.

Il luogo comune per il quale il metodo dimostrativo razionale giocasse nel pensiero cinese classico un ruolo di gran lunga meno rilevante che in Grecia trae in effetti fondamento dal fatto che esso manchi completamente nei testi più famosi del Confucianesimo e del Taoismo, nei *Dialoghi* confuciani come nel *Laozi*, ma non tiene conto del fatto che la scuola tardo-moista condivise l'ideale greco di ricondurre conoscenza e attività speculativa nell'ambito della ragione.

Tuttavia, la reazione immediata al razionalismo tardo-moista fu, in terra cinese, la nascita immediata di un pensiero in forte controtendenza antirazionalista, quello di *Zhuangzi*, destinato a lasciare una impronta durevole e incontrastata nel pensiero cinese, determinandone gli orientamenti e le scelte culturali.

Se, come ci suggerisce il grande Angus C. Graham[11], risolvere dei quesiti logici senza propositi utili è per i cinesi una vana frivolezza e gli stessi moisti erano filosofi moralisti adusi a giudicare sempre secondo il criterio di utilità, nella scala di valore dei cinesi, più della razionalità pratica di Mozi e Han Feizi, più dei rompicapo logici di Hu Shi e Gongsun Long, dovevano essere ritenuti utili a trovare la Via i detti di Confucio e di Laozi.

> La Via del Cielo
> Come è simile all'armar l'arco!
> Quel che è alto viene abbassato,
> quel che è basso viene innalzato,
> quel che eccede viene ridotto,
> quel che difetta viene accresciuto.

[11] Angus Charles Graham (1919-1991) insegnò lingua cinese classica alla School of Oriental and African Studies (SOAS) di Londra ed è, secondo il giudizio di Harold D. Roth, professore di Storia delle religioni alla Brown Univerisity, la «massima autorità mondiale nel campo degli studi sulla filosofia cinese e sulla grammatica del cinese classico».

La Via del Cielo
è di diminuire a chi ha in eccedenza
e di aggiungere a chi non ha a sufficienza.
Non è così la Via dell'uomo:
ei diminuisce a chi non ha a sufficienza
per donare a chi ha in eccedenza.
Chi è capace di donare al mondo
ciò che ha in eccedenza?
Solo colui che pratica il Tao.
Per questo il santo
opera ma nulla s'aspetta,
compiuta l'opera non rimane,
non vuole mostrare d'eccellere[12].

Nella scrittura sapienziale che si ispira ai due insegnamenti confuciano e taoista, le categorie del nostro pensiero, aduso a coppie di contrari quali mente/corpo, realtà/apparenza, bene/male, dio/mondo, difficili da porre su un unico piano valoriale, perché continuamente inclinanti verso la superiorità di A rispetto a B (primato della mente sul corpo, della realtà sull'apparenza, della presenza sull'assenza, del bene sul male, di dio sul mondo), appaiono improvvisamente non funzionare.

Nella nostra filosofia A è trascendente, ovvero il significato e il valore di B non sono chiari senza ricorrere continuamente ad A, vi dipendono, vi si appellano; ma nel pensiero cinese A e B hanno continuamente bisogno l'uno dell'altro per spiegarsi reciprocamente e rappresentano una relazione inscindibile, ove i contrari trovano conciliazione nella differenza.

È perciò che il Cielo cinese e la sua Via non possono condividere la trascendenza della nostra metafisica, né se ne occupano.

I cinesi concepiscono il Cielo in interazione continua con l'uomo: il carattere *tian*, che nella lingua cinese significa «cielo», è graficamente e semanticamente rappresentato da un uomo (*ren*, graficamente distinto dal *ren* della benevolenza, ma foneticamente assonante) con le braccia dispiegate a manifestare il concetto di «grande» (*da*) e con un tratto che lo sovrasta, a indicare la volta del

[12] Cap. 77 del *Tao Te Ching*, il Libro della Via e della Virtù, opera cardine del taoismo attribuita a Laozi, nella traduzione di Fausto Tomassini, in *Tao. I grandi testi*, Utet, Torino, 1977, p. 192.

cielo. L'uomo è contenuto intimamente nel corpo dello stesso carattere, inseparato da esso, organismo con esso.

Reagendo in risposta a questa intima interazione con il Cielo, l'uomo influenza il proprio destino e percorre la sua Via.

Agire in risposta e in intima interazione con l'universo è la filosofia cinese dell'azione senza contrapposizione e una forma sofisticata di non-azione (*wu wei*): azione non forzata, ma risonanza cosmica, specchio ed eco dell'universo, azione conforme.

Capitolo 2
I fondamenti etici del Confucianesimo e del Taoismo: fare «per nulla» o fare «nulla»

L'azione umana nella filosofia confuciana: fare «per nulla»

La riflessione filosofica e religiosa del mondo cinese traggono prima di tutto origine dalle credenze collegate alle trasformazioni stagionali, dal rapporto con il mondo naturale, dall'osservazione dei processi temporali e climatici.

L'origine del Taoismo, come è illustrato negli studi di Henri Maspero sullo sviluppo storico delle religioni cinesi, risiede nei culti ancestrali e nei culti agrari della Cina pre-Han, collegati ai riti e alle feste delle comunità agricole attestatesi intorno al bacino del Fiume Giallo, dai quali si svilupparono, nell'evoluzione dell'organizzazione sociale della Cina classica, il cerimoniale di corte e la scuola confuciana[1].

Il sovrano e il suo ruolo di mediatore, deputato a garantire il rapporto armonico tra cielo (*tian*), terra (*di*) e uomo (*ren*), che infatti secondo l'antica cosmologia cinese compongono insieme «i tre poteri» (*san cai*), sono il fulcro dell'interesse speculativo del maestro per eccellenza, Confucio, e della sua scuola Rujia, ovvero «scuola degli Eruditi».

Nato nel 551 a.C. nello stato di Lu, l'attuale area meridionale della provincia dello Shandong e sebbene discendente da un'antica casa ducale, aveva ai suoi tempi perduto ricchezze e privilegi a seguito di rovesci politici e viveva della pratica dell'insegnamento privato, dalla quale peraltro nacquero in Cina tutte le scuole filosofiche. Maestro per antonomasia, non lasciò però un testo scritto: egli era l'insegnante e il continuatore della tradizione, con la mis-

[1] Maspero, Henri, *Le Taoisme et les réligions chinoises*, Gallimard, Parigi, 1971, pp. 11-24.

sione educativa non tanto di creare – come lui stesso disse – quanto di tramandare il passato, perché non fosse travolto nella dimenticanza in un'epoca di incertezze. Mentre trasmetteva il passato e benché non si proponesse di essere il creatore di alcuna novità di pensiero, tuttavia – come fa notare Fung Yulan – egli lo andava interpretando[2] con attitudine morale.

Liu Xin (ca. 46 a.C. – 23 d.C.), il secondo storico che, dopo Sima Tan, aveva tentato una classificazione delle cosiddette «cento scuole» del pensiero cinese, aveva menzionato come la *Rujia*, che chiameremo «scuola confuciana», si dilettasse delle *Liu Yi* (le sei arti liberali) e si occupasse dei problemi della sensibilità umana e della rettitudine.

Liu Yi viene di solito tradotto come «I sei Classici», perché a ciascuna delle sei arti liberali corrisponde un Classico della storia della letteratura cinese: *Yi Jing* (il Libro dei Mutamenti, un manuale di divinazione, dal quale si origina il pensiero filosofico e religioso del mondo cinese), *Shi Jing* (il Libro delle Odi, o dell'arte poetica), *Shu Jing* (il Libro della Storia), *Li* (il Libro dei Riti, o dell'arte cerimoniale), *Yue* (la Musica) e infine il *Qun Qiu* (o Primavere e Autunni, contenente gli annali con le cronache dello stato di Lu dal 722 al 479 a.C.).

Confucio si ispirò ai sei Classici e li tramandò, ma non ne fu né l'autore e neppure il compilatore, come pure non scrisse di suo pugno i *Lun Yu* (o Dialoghi), che sono invece la raccolta delle sue sentenze operata dai discepoli, come pure di brevi parabole, formule e citazioni rivolte alla elaborazione di una filosofia morale per il buon governo e l'organizzazione armonica della società.

> «Il Maestro disse: "Vi sono uomini che agiscono senza sapere il perché. Io non sono così. Ascolto molto, analizzo quel che ho appreso e ne traggo insegnamento; osservo molto e imprimo nella mia mente. È il secondo grado di sapienza"»[3].

[2] Fung Yulan, *Storia della filosofia cinese*, Mondadori, Milano, 1975, pp. 34-42.

[3] Confucio si riferisce alla sapienza derivante dallo studio. La traduzione è di Tiziana Lippiello (a cura di), in Confucio, *Dialoghi*, *op. cit.*, VII, 28, p. 77.

L'uomo confuciano è un uomo agente, ma la sua azione si ispira alla ponderatezza e allo studio, segue l'ordine del cielo ma non brama il successo:

> «Qualcuno domandò a Confucio: "Maestro, perché non ricoprite una carica di governo?".
> Il Maestro disse: "Nei Documenti si legge: Tutto dipende dall'amore filiale! Amare i genitori, voler bene ai fratelli è già occuparsi di governo. Se questo è già occuparsi di governo, perché mai dovrei ricoprire una carica?"»[4].

Una volta, uno dei duchi che governava uno degli stati rivali e combattenti, chiese al Maestro quale fosse l'arte del buon governo: la risposta di Confucio è paradigmatica della natura gerarchica delle relazioni familiari e sociali e di come le prime siano modello e riferimento per tutte le altre, di come l'azione individuale nel contesto della vita di relazione sociale sia dunque necessariamente vincolata a un tessuto ordito dalla stessa natura dei rapporti parentelari.

> «Il duca Jing di Qi interrogò Confucio sull'arte del governo.
> Confucio disse: "Che il sovrano agisca da sovrano, il ministro da ministro, il padre da padre e il figlio da figlio".
> "Giusto!" esclamò il duca. "In verità se il sovrano non governasse, se il ministro non svolgesse le funzioni di ministro, se il padre non agisse da padre e il figlio non agisse da figlio, quand'anche vi fossero cereali in abbondanza, riuscirei forse a mangiare?"»[5].

L'undicesima sentenza o paragrafo della dodicesima sezione dei *Dialoghi* si riferisce a ciò che in altri casi Confucio chiama «il raddrizzamento dei nomi» o dottrina *zhenming*, per la quale ai nomi va restituito il proprio significato, nella piena autenticità terminologica, ovvero nella corrispondenza alla loro essenza ideale.

L'ideale confuciano è che i nomi riflettano la relazione con l'essenza ideale, senza tradirla in alcunché.

L'essenza di un «governante» corrisponde a quello che il governante dovrebbe essere idealmente e anche alla «via del governante». L'essenza – anche ontologica del nome – è correlata organica-

[4] *Dialoghi, op cit.*, II, 21, p.17.
[5] *Ibidem,* XII, 11, p. 139.

mente a una funzione: governante, ministro, padre, figlio sono nomi che devono rispecchiare la funzione che essi indicano, in un sistema gerarchico di relazioni laddove ognuno detiene il suo nome in quanto adempie a una funzione, ovvero ai doveri e alle responsabilità che le sono associati.

La relazione tra definizione e funzione, tra nome e ruolo è espressione tipica del pensiero cinese e ne contraddistingue la prospettiva di filosofia pratica e morale.

L'azione individuale si fa allora strettamente correlata al rispetto del ruolo definito dal nome: la sua spontaneità dipende dall'intima aderenza al ruolo.

> «Zhizhang domandò: "Come dovrebbe comportarsi un gentiluomo per essere reputato insigne?". Il Maestro rispose: "Cosa intendi per insigne?". Zhizhang rispose: "Godere di una reputazione, sia nel proprio paese che in famiglia». Il maestro obiettò: "Godere di una reputazione è diverso dall'essere insigne! Chi è insigne agisce rettamente per inclinazione naturale, persegue la giustizia, esamina le parole e l'espressione altrui e desidera mostrarsi deferente nei confronti degli altri. Costui, sia nel proprio paese che in famiglia, è reputato insigne! Chi gode di una reputazione, invece, mostra di essere dotato di benevolenza, ma in realtà agisce contrariamente ad essa; tuttavia, nell'assumere quel ruolo, non desta alcun dubbio. Ecco perché gode di una reputazione, sia nel proprio paese che in famiglia"»[6].

L'azione morale per eccellenza, secondo Confucio, è dettata da una inclinazione naturale o tale può diventare attraverso lo studio.

> «Il Maestro disse: "Se mi saranno dati alcuni altri anni, riuscirò a raggiungere i cinquant'anni di studio dei *Mutamenti*: potrò così evitare di incorrere in gravi errori"»[7].

La funzione dello studio è inoltre quella di rendere equilibrate anche le inclinazioni migliori dell'uomo e di indirizzare l'azione verso la sua più armonica espressione:

[6] *Ibidem*, XII, 20, p. 143.
[7] *Ibidem*, VII, 17, p. 73.

«Il Maestro disse: "Zilu, hai mai sentito parlare delle sei virtù e delle corrispondenti sei mancanze?". "No" rispose Zilu.

"Siediti e te ne parlerò. Amare la benevolenza ma non lo studio conduce alla stoltezza; amare la sapienza ma non lo studio conduce alla devianza; amare l'onestà ma non lo studio conduce all'inganno; amare la rettitudine ma non lo studio conduce all'intolleranza; amare l'audacia ma non lo studio conduce all'insubordinazione; amare la fermezza ma non lo studio conduce all'avventatezza"»8.

Un'altra sentenza dei *Dialoghi* recita: «L'uomo superiore comprende *yi*, il piccolo comprende *li*».

Tiziana Lippiello – nella cui traduzione compaiono in questo paragrafo le citazioni confuciane – rende così lo stesso passo: «L'uomo nobile di animo conosce il senso di giustizia, l'uomo dappoco il profitto»[9].

La tradizione morale cinese apprezza la rettitudine come un dovere (*yi*) e deprezza il profitto (*li*). *Yi*, tradotto anche «senso di giustizia», ha però i connotati semantici della «rettitudine», è il principio formale, l'imperativo categorico; *ren* (la sensibilità umana) l'espressione concreta dell'umanesimo in veste cinese.

L'idea di *yi* è formale, quella di *ren* concreta: l'essenza formale è il dovere di giustizia, ma la sostanza materiale in cui questo principio si concretizza è il tessuto vivo della sensibilità verso gli altri, una empatia umana che informa tutto lo spirito della civiltà cinese[10].

Per Confucio, perché il principio di relazione armonica di una società gerarchicamente ordinata possa essere salvaguardato, è necessario che ogni componente di questa catena di relazioni sia principalmente «uomo», il che implica «essere dotato di ren», di sensibilità umana: i nomi sono rettificati e le funzioni rispettate posto «che il sovrano sia sovrano, il ministro ministro, il padre sia padre e il figlio sia figlio», ma il prerequisito perché ciò accada è che il sovrano ami il suo ministro e il ministro ami il suo sovrano, il padre ami il figlio e il figlio ami il padre e che ogni funzione si relazioni secondo un principio di lealtà e di giustizia.

[8] *Ibidem*, XVII, 8, p. 211.

[9] *Ibidem*, IV, 16, p. 39..

[10] Fung Yulan, *op cit.*, p. 37.

La benevolenza del sovrano è la condizione della sua sovranità, la lealtà del suddito la *condicio sine qua non* della funzione di suddito, la benevolenza e la protezione del padre la sua essenza di padre e la pietà filiale l'essenza dell'essere figli.

Nel *Zhong Yong* (il Giusto Mezzo), un capitolo del *Li Zhi* (il Classico dei Riti), è scritto: «*Zhong* e *shu* non sono lontani dalla Via. Quel che non ti piace sia fatto a te non farlo agli altri. Servi tuo padre come vorresti che tuo figlio ti servisse. Servi il tuo governante come vorresti che il tuo subalterno ti servisse. Servi il fratello maggiore come vorresti che il fratello minore ti servisse».

Zhong è la prospettiva positiva del *ren*, *shu* la sua prospettiva negativa. *Zhong* implica l'attenzione verso gli altri, cioè «fare agli altri quel che si desidera per se stessi»; *shu* implica la prospettiva negativa, cioè «non fare agli altri quel che non si desidera per sé».

Questo principio si identifica con la dottrina del «giusto mezzo», per il quale l'individuo prende se stesso come modello e regola della propria condotta.

Ognuno ha dunque in sé l'unità di misura propria dell'azione umana: la condotta dell'uomo non si ispira a un principio superiore o al di fuori dell'uomo ma alla sua stessa essenza di uomo. L'uomo ha in sé il suo metro, in sé la sua misura.

L'uomo confuciano è dunque un uomo agente: egli fa, compie il proprio dovere, la propria funzione nel mondo, fa ciò a cui il suo nome l'ha deputato, ma il suo fare è un «fare per niente», e cioè un fare indipendente dal risultato, non tenendo egli in alcun conto il *li*, vantaggio o profitto, né il risultato positivo dell'azione.

Nei *Dialoghi* compaiono figure di eremiti che scherniscono Confucio per l'ostinazione con la quale egli persegue il proprio insegnamento, come un folle che sappia di non poter riuscire eppure seguiti a tentare. Confucio sa bene che nel mondo non prevale la rettitudine, ma è proprio questa la ragione del suo impegno: se essa prevalesse, quale ragione avrebbe il suo insegnamento? Sarebbe meglio tacere.

> «Changyu (Vecchio Pantano) e Jieni (Audace Sommerso) stavano arando quando Confucio, di passaggio, mandò Zilu a chiedere loro dove si potesse guadare il fiume.
> Changyu domandò: "Chi è l'uomo che tiene le redini del vostro carro?".

Zilu rispose: " È Confucio".
"Confucio di Lu?".
"Proprio lui!".
"E dunque sa dove guadare il fiume!".
Zilu allora si avvicinò a Jieni e costui gli domandò: "Chi siete?".
"Sono Zilu".
"Siete un discepolo di Confucio di Lu?".
"Sì" rispose Zilu.
"È come un diluvio universale, il mondo intero ne è colpito, chi potrà cambiarlo? Anziché seguire un maestro che rifugge da alcuni uomini, non faresti meglio a seguirne uno che rifugga dal mondo intero?".
Intanto continuava a lavorare senza sosta.
Zilu ritornò e informò Confucio che, desolato, osservò: "Non ci si può accompagnare a volatili e bestie; se non ci accompagniamo ai nostri simili a chi dovremmo allora? Se nel mondo prevalesse la Via, quale necessità avremmo di cambiarlo?"»[11].

L'uomo retto asseconda l'ordine del cielo, che è *ming*, non vi si oppone, anche quando i rovesci del mondo paiono sovvertirlo e rendere inutile l'azione dei sapienti; segue la misura interna alla sua umanità, ma questo suo agire non gli garantisce alcun risultato. L'azione corretta è indipendente e superiore al successo, è un «dover agire per niente» o – come si è detto – «fare per niente».

Tutta la fiducia è riposta piuttosto nella forza del rito: quando il cerimoniale è perfetto, il saggio governo si realizza spontaneamente e non necessita di alcuna azione.

Anche per Confucio, alla fine, la perfezione si realizza senza azione, come il migliore insegnamento dovrebbe poter emendarsi dalla parola:

«Il Maestro disse: "Non fu forse Shun a realizzare un governo perfetto senza agire? In che modo? Assumendo un atteggiamento deferente e sedendosi rivolto a sud (come si conveniva a un sovrano virtuoso, secondo le norme rituali): null'altro"»[12].

Confucio usa la parola sapienziale, non quella concettuale della filosofia, non dimostra, non argomenta, ma istruisce, suggerisce,

[11] *Ibidem*, XVIII, 6, p. 223.
[12] *Ibidem*, XV, 5, pp. 181-182.

attraverso aforismi e aneddoti in forma di precetto, che i suoi discepoli raccolgono in composizione fluida ed eterogenea.

Il suo ideale sarebbe stato quello di trasmettere il sapere senza parole e affidare l'umanità a due forze potenti, in grado di perfezionarne le manchevolezze, lo studio e il rito.

> «Il Maestro disse: "Desidererei non dire alcunché".
> "Se non dite alcunché," disse Zigong, "cosa trasmetteremo noi discepoli?".
> Il Maestro disse: "Forse che il cielo dice qualcosa? Eppure le quattro stagioni si susseguono e le diecimila creature si generano in armonia. Forse che il cielo dice qualcosa?"»[13].

Riti e cerimoniale

Nei *Dialoghi* appaiono in primo piano i concetti di *dao* (la Via) e *de* (virtù o potenza), che sono il fulcro centrale intorno al quale si dispiega l'altro grande libro sapienziale della Cina antica, il *Dao De Jing* (il Libro della Via e della Virtù), fondamento della filosofia taoista, attribuito a Laozi e così denominato anche *Laozi.*

Nelle fonti e citazioni spesso troviamo la dizione di *Tao* e *Te* al posto di *Dao* e *De*: ciò dipende da due differenti codici di traslitterazione fonetica dei caratteri cinesi. Ove possibile, nel testo, useremo la dizione correntemente accreditata – secondo il sistema *Pinyin* – di *Dao* e *De,* tuttavia nella citazione dalle fonti sarà inevitabile riferirsi a *Tao* e *Te.* Ove vi fossero ulteriori incongruenze, ciò dipende dai numerosi sistemi di traslitterazione utilizzati prima della unificazione attuata con l'entrata in uso del *Pinyin.*

Nelle massime di Confucio, il termine *dao* viene utilizzato a significare «il giusto corso della condotta umana e dell'organizzazione di governo», secondo la prassi degli uomini buoni dell'antichità, i saggi Wen e Wu, fondatori della dinastia Zhou. Coerentemente con questa scelta di campo, come il *dao* confuciano non implica il corso del mondo al di là della sfera d'azione dell'uomo, così *de* indica «il potere di far muovere gli altri senza impiegare la forza fisica»[14].

[13] *Ibidem,* XVII, 19, p. 215.

[14] Graham, Angus C., *Disputers of the tao. Philosophical Argument in Ancient*

I due concetti sono legati anche nel *Dao De Jing* da una interna correlazione, manifestandosi la virtù nella potenzialità di azione conforme al *dao*.

Nella applicazione confuciana della dottrina della Via e della virtù, la virtù del sovrano si esplica nella sua capacità di governare il mondo senza applicazione della forza, con la sola forza del rito:

> «Il Maestro disse: "Se un sovrano è capace di governare con la deferenza dettata dalle antiche norme rituali, quale difficoltà potrà mai incontrare? Ma se non ne è capace, qual è per lui il senso delle antiche norme rituali?"»[15].

Lo stesso passo dei Dialoghi suona come segue, nella versione del Graham e nella bella traduzione di Fracasso:

> «Sai governare lo stato con le cerimonie e la deferenza? Se sì, che problemi potrai mai avere? Se non sei capace di governare lo stato con le cerimonie e la deferenza, cos'hai a che fare con il cerimoniale?»[16].

Le cerimonie sono in Confucio garanti della continuità culturale della Cina, sono un filo che percorre la storia proiettandola nel futuro, garantendole un futuro:

> «Zhizhang disse: "Si può sapere come saranno le prossime dieci generazioni?". Il Maestro rispose: "La dinastia Yin ereditò le norme rituali della dinastia Xia: quanto abrogò e quanto vi aggiunse è deducibile. La dinastia Zhou ereditò le norme rituali dalla dinastia Yin: quanto abrogò e quanto vi aggiunse è deducibile. Pertanto, se vi sarà una dinastia che succederà ai Zhou, anche dopo cento generazioni, si potrà sapere come sarà"»[17].

Nello stato ideale, pertanto, il sovrano non dovrebbe far nulla, se non affidare al proprio carisma, nell'adempiere al cerimoniale, il

China, op. cit. (trad. it. di Riccardo Fracasso, *La ricerca del Tao. Il dibattito filosofico nella Cina classica, op cit.*, p. 8).

[15] *Dialoghi, op. cit.*, IV, 13, p. 39.

[16] Graham, Angus C., *op. cit.* p. 9..

[17] *Dialoghi, op. cit.*, II, 23, p. 19.

corso della storia del suo regno. Come abbiamo visto, nella XV sezione e nella quinta massima, Confucio cita il termine *wu wei*, che sarà poi più tipicamente taoista, nella immagine del sovrano che si conforma a Shun, «facendo nulla» altro che assumere una postura rispettosa, sedendo rivolto a sud secondo le antiche norme rituali.

Per quanto l'apparato legislativo faccia parte integrante dell'apparato di governo, la virtù del sovrano consiste nella necessità che egli applichi o meno le leggi dello stato: il governo ideale dovrebbe, nella utopia confuciana, fare a meno tanto di leggi quanto di parole.

> «Il maestro disse: "Nell'esaminare una controversia non sono diverso dagli altri. Sarebbe piuttosto necessario far sì che non ve ne fossero"»[18].

La parola confuciana utilizzata per «controversia, litigio» è *song*, la cui accezione – soprattutto nelle parole composte (es. *songya*, Corte legale, *songshi*, affare legale) – è strettamente congiunta al suo trattamento giurisprudenziale. Nel dizionario compilato da Mathews infatti essa traduce anche in funzione verbale il significato di «chiedere giustizia»[19].

È per questo che riteniamo più illuminante, sebbene non strettamente letterale, ai fini della comprensione delle profondità del pensiero confuciano, la versione di Graham, che traduce:

> «Nel prestare ascolto alle cause legali io non sono diverso dagli altri, ma il punto sta sicuramente nel far sì che le cause legali non abbiano a esistere!»[20].

L'azione morale, guidata dal cerimoniale, ha valore in sé, indipendentemente dalle sue realizzazioni: il destino o fortuna, infatti, verso il quale Confucio ha un'alterna inclinazione, in una sorta di oscillazione tra la fiducia che gli accorda e lo scoramento quando se ne sente abbandonato, è *ming*, decreto celeste, al quale non è

[18] *Ibidem*, XII, 13, p. 139.

[19] Mathews R.H., *A Chinese English Dictionary Compiled for the China Inland Mission*, China Inland Mission and Presbyterian Mission Press, Shanghai, 1931, revised by Harvard University Press, Cambridge, Massachussets, 1943, p. 5558.

[20] Graham, *op. cit.*, p. 10.

possibile sottrarsi. E se alla fine gloria e caduta degli imperi dipendono da questo decreto, l'azione dell'uomo non può alcunché se non essere giusta: da ciò dipendono la quiete della mente e l'essere in pace con se stessi, solo dal fare il proprio dovere, ovvero dall'agire propriamente anche quando questo agire sia «per nulla».

L'azione confuciana non è priva di obiettivo, ma non è ossessivamente finalizzata.

«Conoscere il destino» significa per Confucio comprendere questa naturale alternanza delle fortune, ingovernabile dal microcosmo dell'uomo, e riconciliarsi con essa, mantenendo il proprio impegno in seno alla società, una sorta di *engagement* esistenziale *ante-litteram.*

Può trattarsi di una riconciliazione dolorosa – egli stesso afferma di averla raggiunta solo alla soglia dei cinquant'anni – ma necessaria per elevare l'uomo alla realizzazione delle sue qualità umane, perché egli sia *junzi* (uomo superiore) e non *xiaoren* (uomo da poco):

> «Il Maestro disse: "A quindici anni ero dedito allo studio, a trenta ero saldo (nell'osservanza delle norme rituali), a quaranta non avevo più dubbi, a cinquanta compresi il decreto celeste, a sessanta sapevo ascoltare e a settanta seguivo gli impulsi del mio cuore senza incorrere in trasgressione"»[21].

In questa quarta massima della seconda sezione dei *Dialoghi* appare evidente come il maestro proceda lungo la strada della continua perfettibilità, che l'esperienza confuciana sia volta dunque a perseguire un pervicace e progressivo miglioramento di sé e che tale esperienza duri lungo il corso di tutta la vita senza che le sia concessa desistenza, fino a quando il fare il proprio dovere, senza alcuna ricompensa, per il bene dell'umanità ma anche per nulla, diventi un impulso del cuore, un moto di assoluta spontaneità, privo degli artifici della intenzionalità, privo della stessa volontà di azione.

Umanità e benevolenza

La principale virtù confuciana del *ren*, sovente tradotta con «benevolenza», indica la preoccupazione verso il benessere altrui e anche la cura di esso.

[21] *Dialoghi, op. cit.*, II, 4, p. 11.

Il *ren* si fonda sulla pratica di *shu* (graficamente affine a *ru*, «essere simile a»), che è una forma di pensiero analogico: agire altruisticamente significa prima di tutto «assimilare a sé gli altri», ovvero «pensare e percepire sé e gli altri come simili».

Lo sviluppo di questo pensiero analogico è per Confucio propedeutico all'orientamento verso il *ren* e rende privo di sforzo l'agire corretto. Confucio tuttavia sa quanto la virtù del *ren* sia di difficile attribuzione e giunge a negarla persino a se stesso:

> «Il Maestro disse: "Reputarmi saggio o uomo dotato di benevolenza, come potrei osare? Tuttavia posso sostenere di studiare senza mai desistere, impartire insegnamenti senza mai manifestare segni di stanchezza!". Gongxi Hua commentò: "È invero quel che noi discepoli non riusciamo a imparare"»[22].

Per quanto sia una condizione difficile da raggiungere, ren è una potenzialità dell'uomo e dunque, quando questa virtù si esprime, ecco che tutto può accadere senza sforzo, all'istante, nella più pura spontaneità:

> «Il Maestro disse: "L'umana benevolenza è lontana? Basta desiderarla e arriverà"»[23].

Il «ritorno al cerimoniale» (*fu li*) è un potente elemento facilitatore per acquisire *ren*: è probabile che con questa espressione Confucio intendesse il ritorno al vero significato dell'officiare i riti, per il quale essi cessavano di essere pura «formalità» e diventavano invece «sostanza» e tessuto vivo nel quale l'uomo dovesse essere messo in grado di esprimere le migliori potenzialità della sua umanità.

> «Yan Hui domandò che cosa fosse la benevolenza. Il Maestro disse: "Col disciplinare se stessi e ritornando alle antiche norme rituali si perviene alla benevolenza. Se per un intero giorno l'uomo riuscisse a disciplinare se stesso ritornando alle antiche norme rituali, il mondo intero riconoscerebbe la benevolenza in lui. Pervenire alla benevolenza dipende da noi, non dagli altri!"»[24].

[22] *Ibidem*, VII, 34, p. 79.
[23] *Ibidem*, VII, 30, p. 77.
[24] *Ibidem*, XII, 1, p. 133.

Mozi: una critica al confucianesimo

Un altro importante esponente del pensiero cinese, vissuto probabilmente tra il 479 e il 381 a.C., fu Mo Di, più noto come Mozi, ovvero maestro Mo: la fonte principale per lo studio di questo filosofo è l'opera in 53 capitoli che porta il suo nome, ma rappresenta una raccolta di scritti sia del maestro e sia dei suoi discepoli. L'opera deve essere stata compilata con tutta probabilità quando la scuola si era già divisa in tre rami (definiti da alcuni studiosi «purista», «di compromesso» e «reazionario»), il che spiegherebbe la reiterazione di non pochi capitoli in due e in non pochi casi anche in tre versioni[25].

I moisti sono antitetici a Confucio perché rappresentano la «voce utilitaristica» del pensiero cinese.

Se per Confucio l'azione prescinde dal risultato, per Mozi è importante che l'azione sia utile. Esempio ne sono alcune famose argomentazioni contenute nel *Mozi*:

> «Essi (i letterati della scuola confuciana) dicono: "Il gentiluomo segue e non inventa". Noi rispondiamo: "Nei tempi antichi Yi creò il primo arco, Zhu la prima armatura, Xi Zhong il primo carro e Qiao Chui la prima barca. Ne consegue forse che gli armaioli e i carradori d'oggi sono tutti dei gentiluomini e che i quattro inventori erano persone volgari? Tutto ciò che essi seguono oggigiorno dev'essere inoltre stato creato da qualcuno, ed è di conseguenza la Via delle persone volgari"»[26].

Molti studiosi sostengono che i moisti avessero raggiunto posizioni e incarichi ufficiali, pur provenendo dagli strati più bassi della popolazione, in quanto artigiani che avevano avuto l'ingegno di rendersi utili ai sovrani come ingegneri militari o attraverso competenze di mestiere[27].

[25] Idema Wilt, Haft Lloyd, *Letteratura cinese*, Libreria editrice Cafoscarina, Venezia, 2000, p. 104.

[26] *Mozi*, 39.19 (trad. Watson, Burton, *Mo Tzu: Basic Writings*, Columbia University Press, New York, 1963, p. 128).

[27] Schwartz, Benjamin I., *The World of Thought in Ancient China*, Harvard University Press, Cambridge (Mass.), 1985, p. 151.

Un'ulteriore differenza, che misura la distanza dei moisti dal confucianesimo, è che essi si appellano all'utilità dell'opera piuttosto che alla saggezza del passato e attribuiscono merito ai sovrani giudicando se le loro politiche abbiano avuto risultati benefici o dannosi per il popolo: la verifica basata sull'utilità viene cioè anteposta e finisce con il mettere in discussione quella basata sull'autorevolezza dell'antichità, delle prassi e dei cerimoniali dei saggi sovrani del passato. Ne è un esempio la disputa sulla «frugalità delle esequie»: la pietà filiale dei confuciani imponeva un periodo di lutto di tre anni per la morte del padre, periodo durante il quale i figli erano obbligati all'astensione dalle attività ordinarie e a officiare il culto con prodigalità. Il capitolo del Mozi sulla «frugalità delle esequie» propone però di osservare le conseguenze di questi modelli e procede a dimostrare che tale osservanza delle pratiche di lutto, interrompendo il ciclo lavorativo, impoverisce le famiglie e indebolisce le difese dello stato.

> «I sostenitori dei funerali elaborati e del lutto prolungato affermano: "Se questa non è in realtà la Via dei re saggi, come si spiega che i gentiluomini degli stati centrali vi si adeguano senza eccezione?". Il Maestro Mozi disse: "Ciò è quanto chiamiamo abituarsi alle cose familiari e scambiare le costumanze per la giustizia"»[28].

Il principio utilitaristico viene assunto come principio primo per definire la misura morale dell'azione, posizione che è chiaramente antitetica allo spirito di Confucio:

> «Se i funerali elaborati e il lutto prolungato possono realmente arricchire i poveri, accrescere la popolazione, proteggere chi è in pericolo o porre ordine nel disordine, essi equivalgono a benevolenza, giustizia e amore filiale» *vuol dire per contro che, qualora non garantiscano tutto ciò,* «non equivalgono a benevolenza, giustizia e pietà filiale»[29].

Anche il capitolo su *Il rifiuto della musica* si inscrive in questa ottica dell'utilità e rappresenta un attacco contro gli sperperi delle orchestre di stato e gli sprechi nelle attività ludiche di corte, per

[28] *Mozi*, 25.74 (trad. Watson, Burton, *op cit.*, p. 75).
[29] *Ibidem*, 25.12-15, p. 66.

quanto Mozi non si astenga dal riconoscere la piacevolezza della musica.

Infine, ai moisti è stata attribuita la dottrina dell'amore universale, perché essi tendono ad allargare ed espandere il precetto confuciano della protezione del gruppo familiare: l'espressione moista *jian ai*, spesso tradotta con «amore universale» potrebbe preferibilmente essere interpretata come «sollecitudine per ognuno». *Jian* pone l'accento su «ognuno» piuttosto che su «tutti» – sostiene Harbsmeier – e si può convenire che il concetto di «universalismo» abbia una sfumatura di calda affettività estranea a filosofi ruvidi e pragmatici come i moisti[30].

Un ulteriore precetto propugnato da Mozi è quello di «conformarsi al superiore»: sulle prime ciò non sembra molto diverso dalla prospettiva gerarchica dell'ideale politico di società dei confuciani. Quando ciascuno si conformi con l'alto e l'imperatore stesso si conformi al Cielo, che è il suo «superiore», la moralità sarà unificata e tutto il mondo conseguirà la perfezione.

La funzione del Cielo, ma anche degli spiriti, nel pensiero di Mozi, è quella di garantire il conseguimento della moralità attraverso la elargizione di premi e l'imposizione di punizioni, per rettificare le ingiustizie del mondo e garantire l'equità del benessere.

> «Se ovunque sotto il Cielo i Cento Clan si conformano in alto al Figlio del Cielo e non al Cielo stesso, non si potrà sfuggire alle calamità. Il reiterato susseguirsi di turbini e bufere è il modo in cui il Cielo punisce i Cento Clan per il loro mancato conformarsi al Cielo»[31].

Confuciani e taoisti invece preferirono tributargli omaggio e abbandonarsi alla Via, perché tutto potesse compiersi oltre l'azione umana, anche l'umano destino.

In questa prospettiva di soggezione e di abbandono anche all'immeritata sfortuna, accettata come decreto celeste, da parte di filosofi quali Zhuangzi e Confucio, Graham ravvisa maggior senso del sacro che non possa esservi negli dèi e negli spiriti di Mozi, che imperversano con tuoni e lampi per punire ingiustizia e malvagità.

[30] Harsbmeier, Christoph, *Aspects of Classical Chinese Syntax*, Curzon Press, Londra, 1981, pp. 50-55.

[31] *Mozi*, 11.22-24 (trad. Watson, Burton, *op cit.*, p. 37).

«Gongbo Liao screditò Zilu con Jisun. Zifu Jingbo lo riferì al Maestro: "Di certo il mio Signore è stato insospettito da Gongbo Liao, ma posseggo sufficiente potere per ordinare l'esecuzione e l'esposizione in piazza del cadavere di costui". Il Maestro allora disse: "Se la Via prevale è il destino a determinarlo, se non prevale è il destino a determinarlo. Cosa potrà mai Gongbo Liao contro il destino?"»[32].

Fare «nulla»: ritirarsi dal mondo

Il *Lushi chunqiu* (Primavere e autunni del signore di Lu), compilato sotto il cancellierato di Lu Buwei, funzionario dello stato di Qin, del quale è nota la data di morte, attribuita al 235 a.C., è un testo enciclopedico che rappresenta il compendio del sapere del suo tempo: in esso leggiamo che Confucio dava valore alla benevolenza, Mo Di alla sollecitudine verso ognuno, mentre Yang Zhu dava valore a se stesso.

La filosofia di Yang Zhu, tuttavia, lungi dal poter essere identificata con il puro egoismo, propugna una sorta di dottrina proto-taoista del «preservare il principio vitale», ritirandosi dal mondo ed evitando qualsiasi occasione di mettere a repentaglio la propria vita[33].

Una filosofia che permettesse di sottrarsi al dovere di assumere cariche pubbliche in un periodo di grande travaglio politico e sociale, quale fu quello antecedente l'unificazione dell'impero cinese nel 221 a.C., restò d'altronde un grande bisogno psicologico per gli intellettuali cinesi, vincolati all'imperativo categorico confuciano dell'azione sociale.

«Yang Huo desiderava incontrare Confucio, ma questi non si recava da lui. Così gli inviò in dono un porcellino. Confucio attese il momento in cui Yang Huo non era in casa (per andare a ringraziarlo), ma si imbatté in lui lungo la strada. "Venite con me, desidero parlarvi!" disse Yang Huo. "Chi custodisce in sé il proprio tesoro e lascia andare in rovina il paese può dirsi dotato di benevolenza? Direi di no. Chi ha sempre desiderato rivestire una carica e tuttavia in più occasioni vi ha rinunciato, può dirsi sapiente? Direi di no.

[32] *Dialoghi, op. cit.*, XIV, 36 (trad. di Tiziana Lippiello, p. 175).
[33] Cheng, Anne, *Storia del pensiero cinese*, Einaudi, Torino, 2000, p. 160.

Giorni e mesi si susseguono, gli anni a noi concessi non sono molti". Confucio disse: "Va bene, accetterò"»[34].

L'esposizione politica che deriva dall'assumere pubbliche funzioni è considerata dalla corrente di Yang Zhu fonte di grande pericolo personale e di non certe fortune; preferibile è per alcuni condurre la vita sino al termine prefissato, come essi ritengono che sia per la natura umana:

«L'illimpidirsi è nella natura dell'acqua; il fango la sporca, e perciò non resta pulita. È nella natura dell'uomo vivere fino al termine prefissato; altri fattori gli sono di disturbo, e perciò non giunge a quel termine»[35].

Il dibattito sulla natura umana era molto vivace nella Cina di quel periodo: *xing* (natura) è carattere derivato e graficamente affine a *sheng* (nascere e, in senso causativo, generare).

Xing contiene nel corpo grafico del carattere la radice «cuore» di cui *sheng* è privo.

La posizione di Confucio al riguardo è che gli uomini siano simili per natura, ma nella vita quotidiana e nelle abitudini assai diversi[36].

«Il Maestro disse: "Ricchezze e onori sono quanto l'uomo più desidera, ma se non li avrà conseguiti seguendo la Via non dovrà accettarli. Povertà e umiliazioni sono quanto l'uomo detesta, ma se non le avrà evitate seguendo la Via non potrà rifiutarle. Come può l'uomo nobile di animo che si è allontanato dalla benevolenza esser degno di tale nome? Costui non dovrebbe separarsi dalla benevolenza nemmeno per il tempo di un pasto, sia in periodi di avversità che di disordine"»[37].

La natura umana – secondo Confucio – forgiata dallo studio e nobilitata dal cerimoniale, seguirà la Via, indipendentemente dal

[34] *Dialoghi, op. cit.*, XVII, 1, p. 207.

[35] Xu Weiyu, *Lushi chunqiu*, Shangwu yinshuguan, Beijing, 1955 («Vita come essenzialità», 1.6b).

[36] *Dialoghi, op. cit.*, XVII, 2, p. 207.

[37] *Ibidem*, IV, 5, p. 35.

fatto che essa tributi onori o dispensi umiliazioni, perché un uomo degno di tale nome è dotato di *ren*, di sensibilità e di benevolenza: essa ha in sé le migliori potenzialità, che devono nondimeno essere coltivate per evitare la deviazione delle cattive abitudini.

Sebbene molto distante dalla concezione confuciana, la prima elaborazione del concetto di «natura umana» si trova però proprio in Yangzi, altro appellativo di Yang Zhu: nel *Liezi* egli appare come il fautore del principio di «mantenere intatta la propria natura» (*quan xing* oppure *quan sheng*, secondo le due versioni grafiche alle quali abbiamo accennato):

> «Yang Zhu disse: "L'uomo è di specie simile a quella del Cielo e della Terra, ha in sé le qualità naturali dei cinque elementi ed è il più intelligente tra gli esseri che hanno vita. L'uomo non è in grado di difendersi con gli artigli e le zanne, non è in grado di proteggersi con la carne e la pelle, non è in grado di sfuggire alle ingiurie con la corsa e la fuga, non ha pelame o piume per sottrarsi al freddo e al caldo: dovendo dipendere dalle creature per nutrire la sua vita, confida nella prudenza e non s'affida alla forza. Perciò tra le cose pregevoli della prudenza la più pregevole è l'auto-conservazione, tra le cose spregevoli della forza la più spregevole è l'abusare delle creature. Infatti, la mia persona non è di mia proprietà: una volta che è venuta alla vita non posso non conservarla integra; le creature non sono di mia proprietà: una volta che le possedessi non potrei sottrarmi ad esse. La persona è certamente il fondamento della vita, ma le creature sono il fondamento del nutrimento. Anche se conservo integra la persona venuta alla vita, non m'è dato di possedere questa persona; anche se non mi sottraggo alle creature, non m'è dato di possedere queste creature. Possedere queste creature e questa persona sarebbe tenere prepotentemente per me una persona e delle creature che sono sotto il cielo. Solo l'uomo santo ha in comune la persona e le creature sotto il cielo. Egli solo è uomo sommo. Egli viene detto il sommo dei sommi"»[38].

In contrapposizione con Yangzi, Mencio (371?-289? a.C.), che rappresenta la corrente idealista del confucianesimo, coltiva il progetto di dimostrare che la natura umana tende alla bontà altrettan-

[38] Lieh-Tzu (*Liezi* è la traslitterazione corrente) *Il vero libro della Sublime Virtù del Cavo e del Vuoto*, in *Tao. I grandi testi antichi* (trad. di Fausto Tomassini), *op. cit.*, VII, 103, pp. 320-321.

to naturalmente di quanto tenda alla propria conservazione e che il senso morale è altrettanto innato di quanto lo sia l'istinto di sopravvivenza.

Anne Cheng inquadra il dibattito filosofico sulla natura umana della Cina pre-Han intorno al riconoscimento di quale sia la parte dell'uomo e quale quella del Cielo in *xing*: è la risposta a tale domanda, fulcro autentico del problema, secondo la Cheng, a determinare quella gamma di posizioni differenziate, all'estremo delle quali si collocano da un lato il razionalismo moista, per il quale anche l'azione umana è guidata da un solido pragmatismo utilitarista che nulla ha a che fare con il Cielo, sebbene debba conformarsi al modello del Cielo, e l'estremo antirazionalismo di Zhuangzi, che si rimette totalmente al Cielo. Mencio, collocandosi tra queste posizioni, vorrebbe invece dimostrare che la vera essenza di *xing* – in quanto specificamente la contraddistingue, cioè il senso morale – deriva dal Cielo, ossia da «ciò che è naturale», e partecipa organicamente della sua natura[39].

> «Mencio disse: "Ovunque sotto il Cielo quando si parla di natura, in effetti si tratta di quanto originariamente è dato (gu). Or dunque, tale dato originario si fonda su quanto è proficuo. Ciò che si deve rimproverare agli uomini di senno è il loro modo di forzare le cose. Se imitassero il modo in cui Yu fece scorrere le acque, non vi sarebbe nulla da rimproverare alla loro sagacia. Yu fece scorrere le acque agendo senza sforzo. Se gli uomini assennati si comportassero allo stesso modo, grande sarebbe in verità la loro saggezza"»[40].

Preferiamo questa traduzione, sebbene attraverso la versione francese di Anne Cheng, a quella operata direttamente dal cinese in lingua italiana del pur bravo Fausto Tomassini, che risulta negli intenti meno efficace:

> «Mencio disse: "Il parlare che nel mondo si fa della natura riguarda i suoi fenomeni. Il valore dei fenomeni sta nella loro spontaneità. Ciò che ripugna nei sapienti è lo sforzare (la spontaneità). Se i sapienti si comportassero come Yü quando convogliò le acque, nulla ci dispiacerebbe nella loro sapienza. Nel convogliare le acque, Yü fece in modo di non dover intervenire continuamente

[39] Cheng, Anne, *op. cit.*, pp. 160-161.

[40] Mencio, IV, 115 (tradotto in Cheng, Anne, *op. cit.*, p.161).

(perché assecondò la loro tendenza naturale). Se pure i sapienti facessero in modo di non dover intervenire continuamente, anche la loro sapienza sarebbe grande. Il cielo è alto, le stelle sono lontane, eppure basta scrutare i fenomeni per poter calcolare, anche standosene seduti, quando cadrà il solstizio in mille anni"»[41].

Fare «nulla»: conformarsi al Dao

Come si è visto per la filosofia di Yang Zhu, tacciato dai confuciani di essere «il filosofo egoista» per eccellenza, il motivo iniziale della filosofia taoista[42] è la conservazione della vita e la ricerca di un riparo dai disordini del mondo: è il metodo del solitario che si ritira dalla società e si nasconde tra le montagne e le foreste. Contempla la natura, non si occupa degli uomini.

Le idee attribuite a Yang Zhu rappresentano questa prima fase del taoismo, quelle attribuite a Laozi la seconda fase e quelle attribuite a Zhuangzi la terza.

Un episodio del XX capitolo del *Zhuangzi*, «L'albero di montagna», mette in luce queste tre fasi.

> «Mentre Chuang-tzu viaggiava in mezzo alle montagne, vide un grosso albero dai rami robusti e dal fogliame lussureggiante. Un taglialegna si era fermato al suo fianco, ma non l'aveva scelto. Quando gliene chiese il motivo, quello rispose:"Non è utilizzabile per nessuna cosa".
> "Quest'albero" disse Chuang-tzu "arriverà alla fine degli anni concessigli dal Cielo grazie alla sua incapacità".
> Venuto fuori delle montagne, il maestro alloggiò nella casa di un vecchio amico il quale, tutto contento, comandò al servo di uccidere un'oca e di cuocerla.
> Il servo lo pregò dicendo: "Chiedo licenza. Quale uccido: quella che è capace di schiamazzare o quella che non è capace?"

[41] Mencio, IV, 115(tradotto in Tomassini, Fausto, a cura di, *I quattro Libri di Confucio*, Utet, Torino, 1974, 2003, p. 368).

[42] Ci atterremo a questa dizione comune. Tuttavia, seguendo la traslitterazione oggi accreditata – il *pinyin* – dovremmo chiamarla «daoista», dalla voce *dao*, che sostituisce quella di *tao*, tratta dalla vecchia traslitterazione Wade Giles, presente nel vasto corredo bibliografico delle fonti classiche, ma ormai desueta.

"Uccidi quella che non è capace di schiamazzare" rispose il padrone. Il giorno dopo i discepoli interrogarono Chuang-tzu dicendo: "Ieri l'albero in mezzo alle montagne arrivava alla fine degli anni concessigli dal Cielo grazie alla sua incapacità, oggi l'oca del nostro ospite a causa della sua incapacità viene fatta morire. Maestro, che decidi?"
"Chou (io) ha presto deciso" rispose Chuang-tzu ridendo. "Capacità e incapacità sembrano differenti ma non lo sono, perciò non si sottraggono ai loro vincoli. Non è così se uno si lascia galleggiare traendo profitto dalla virtù del Tao: è senza lode e senza biasimo, una volta drago e una volta serpe, cambia insieme alle circostanze e nulla fa autonomamente, una volta in alto e una volta in basso, si fa una misura dell'armonia e va galleggiando verso il progenitore delle creature. Se tratta le cose da cose e non è fatto cosa dalle cose, che può vincolarlo? Questo è il modello di Shêng Nung e di Huang Ti. Non è così nell'affetto per le creature e nella tradizione delle relazioni umane: dall'unione consegue la separazione, dal successo la rovina, dalla probità l'umiliazione, dall'onorabilità la critica, dall'affaccendamento l'insuccesso, dal talento la cospirazione, dalla stoltezza l'inganno. Che cosa bisogna avere di necessità? Ahimé! Ricordatevelo, o discepoli. Solo la virtù del Tao"»[43].

Laozi è forse contemporaneo di Confucio, ma il *Laozi* sembra essere posteriore: il testo non compare infatti prima del 250 a.C., molto più tardi rispetto al periodo di regno di re Hui dello stato di Liang (370-319 a.C.), del quale Hu Shi, amico di Zhuangzi (Chuang-tzu) fu ministro.

I nomi di Laozi e di Zhuangzi, quali rappresentanti della scuola taoista, non vennero inoltre associati fin dall'inizio: il legalista Xunzi ne fa menzione distinta in due diversi elenchi di filosofi.

Anche Fung Yulan sostiene che il sistema di pensiero elaborato dal *Laozi* non possa essere precedente o immediatamente contemporaneo a quello di Confucio, ma che debba essere logicamente posteriore in quanto, solo dopo Confucio, i filosofi della scuola dei Nomi (*Ming jia*), Hui Shi e Gongsun Long, incominciarono a riflettere sui nomi analiticamente e con essi a riflettere sistematicamente sul pensiero – ciò che rappresenta un passo

[43] Chuang-tzu, cap. XX, 135, tradotto in Tao. *I grandi testi antichi* (Tomassini, Fausto, a cura di), Torino, Utet, 1977, 2003, p. 500.

avanti e una evoluzione rispetto agli esiti della stessa scuola confuciana[44].

Secondo la Scuola dei Nomi, ogni cosa che «stia entro le forme e le fattezze» e abbia un nome, o la possibilità di averne uno, è nominabile; può essere solo in contrasto a una riflessione sui nomi già prodottasi nel pensiero contemporaneo che Laozi cominci a parlare dell'innominabile.

L'*incipit* del *Laozi* – più noto con il titolo di *Tao Te Ching* (*Dao De Jing*, Classico della Via e della Virtù) – suona: «Il Tao che può essere limitato dalle parole non è l'eterno Tao; il nome che può essere nominato non è il nome permanente. L'innominabile è l'inizio del Cielo e della Terra, il nominabile è la madre di tutte le cose». Così nel XXXII capitolo, il Tao è eterno, senza nome, è marmo non scolpito; quando il marmo è scolpito, allora nascono i nomi.

Il Tao è il principio primo della cosmologia taoista, ma anche il principio primo della logica elaborata da questo sistema di pensiero, entro il quale si scolpisce la realtà, nel suo aspetto particolare come nel suo aspetto universale.

Il pensiero taoista distingue tra *yu* (essere) e *wu* (non essere), tra *yu ming* (aver nome, essere nominabile) e *wu ming* (non aver nome, essere innominabile).

Il Cielo e la Terra e tutte le cose sono nominabili: il cielo ha il nome di cielo, la terra il nome di terra e ogni classe di cose ha il nome della sua classe. Il Tao invece è innominabile, ciò mediante cui tutti i nominabili vengono in esistenza: saremmo tentati di assumerlo come «principio creatore», ma dobbiamo ricrederci. Il Tao, lungi dall'essere un principio metafisico, è un principio di esistenza logica.

La proposizione «l'Innominabile è l'inizio del Cielo e della Terra» è formale e non positiva: cioè non può dare informazioni sulla realtà. I taoisti pensavano infatti che, in virtù del fatto che ci sono delle cose, ci deve essere un principio logico e cosmologico mediante il quale esse vengano in essere: tale principio – formale e non positivo – però non ci dice nulla circa quello per cui tutte le cose vengono in esistenza, il che significa che non si tratta di un principio causativo sostanziale, ma di un principio logico-formale.

[44] Fung Yulan, *Storia della filosofia cinese*, *op. cit.*, p. 77.

Tutto ciò che viene in esistenza è un esistente: il venire in esistenza degli esistenti presuppone un Essere. Ciò non significa che l'essere sia prima cronologicamente, ma che sia prima logicamente.

Laozi dice che tutte le cose del mondo vengono in esistenza mediante l'essere (*yu*) e che l'essere viene in esistenza mediante il non-essere (*wu*):

> «Il tornare è il movimento del Tao,
> la debolezza è quel che adopra il Tao.
> Le diecimila creature che sono sotto il cielo
> hanno vita dall'essere,
> l'essere ha vita dal non-essere»[45].

Nel pensiero di Laozi, ciò non significa che vi fu un tempo in cui esisteva solo il non-essere e poi vi fu un tempo in cui l'essere venne in esistenza dal non-essere: vuol dire solo che, se analizziamo l'esistenza delle cose, il cosmo, comprendiamo che prima che possa esistere l'essere deve esistere il non-essere.

Tao dunque non è l'Essere assoluto, ma il non-essere che lo precede logicamente: principio logico negativo, non principio metafisico.

La moderna filosofia della scienza in Occidente è giunta ad affermare una sorta di attrazione dell'essere verso il nulla: se l'essere d'Occidente va verso il non essere, partendo da un principio logico positivo dell'essere, l'Oriente sembra compiere il processo in senso contrario, perché a partire da un principio di ordine logico negativo procede verso gli esistenti, ovvero verso l'essere. Se il non essere precede logicamente l'essere, il non agire precede l'agire.

È per questo che «la debolezza è quel che adopra il Tao».

Nel capitolo VII del *Laozi*, «il saggio che si tiene indietro è sempre davanti, resta fuori ed è sempre dentro. Non è forse perché non si agita per fini personali che realizza fini personali?».

La conquista del mondo per Laozi proviene non dal «non fare», ma dal «fare nulla», una sorta di debolezza del fare. L'azione debole però è un'azione efficiente.

[45] Tao Tê Ching, cap. XL, tradotto in *Tao. I grandi testi antichi* (Tomassini, Fausto, a cura di), *op. cit.*, p.125.

Un noto proverbio cinese (*hua shi tian zu*, che letteralmente vuol dire «disegnare il serpente aggiungendovi le zampe») racconta di alcuni amici in gara a chi riuscisse a terminare per primo il disegno di un serpente: uno tra loro, giovane e baldo, termina il compito, vede che gli altri sono ancora indietro, e decide di dimostrare la sua superiorità aggiungendovi anche le zampe, ma perde la gara «perché un serpente non ha zampe».

Ecco un esempio di forzatura dell'azione, di azione a ogni costo che non raggiunge lo scopo ma sortisce il suo contrario.

I taoisti ripetono con i confuciani che lo stato ideale è quello retto da un saggio ma, se per i confuciani l'iniziativa umana, per quanto fallibile o sfortunata anche nella rettitudine, è inevitabile, per i taoisti le disgrazie del mondo non discendono tanto dalle cose non fatte, quanto dalle troppe cose fatte: il saggio perciò fa nulla, eppure tutto si compie.

> «Pratica il Non-agire, bada a non fare niente, assapora il senza-sapore; considera il piccolo come grande, il poco come molto!
> Intacca il difficile là dove è facile; fai grande ciò che è minuto.
> Le cose più difficili del mondo prendono avvio da ciò che è facile;
> le cose più grandi del mondo prendono avvio da ciò che è minuto.
> Perciò il Santo non fa mai niente di grande, e così può compiere il grande.
> Ora, colui che promette alla leggera raramente mantiene la parola. Colui che considera facili molte cose troverà certamente molte difficoltà.
> Perciò il Santo, pur considerando tutto difficile, alla fine non troverà difficoltà»[46].

[46] *Tao Tê Ching*, (Duyvendak J.J.L., a cura di), Adelphi, Milano, 1973, cap. LXIII, p. 143.

Capitolo 3

La quiete della mente: arrestarsi e sostare

Mencio dice: «*Non dobbiamo fare come l'uomo di Sung. Vi era un uomo di Sung che si rammaricava perché il grano non cresceva rapidamente; allora andò nel campo a tirare e spingere le pianticelle. Ritornato a casa, riferì ai suoi, in tutta innocenza: "Oggi sono stanco perché ho aiutato il grano a crescere". Il figlio corse fuori a guardare e trovò che il grano era tutto secco*».

Fung Yulan commenta: «Quando si vuol far crescere qualcosa, si deve operare solo con una mano, con l'altra non si deve aiutare a crescere»[1].

La posizione dei neoconfuciani

La corrente filosofica neoconfuciana è stata da subito particolarmente sensibile alla dialettica quiete-agitazione, azione-sospensione dell'azione, nucleo centrale e cardine della filosofia taoista.

Il neoconfucianesimo si era diramato in due scuole principali iniziate da due fratelli, noti come i due maestri Cheng: il più giovane, Cheng Yi (1033-1108), fondatore della corrente *Li Xue* (Scuola della Legge o dei Principi), che giunse alla sua più compiuta espressione con il maestro Zhu Xi (1130-1200), e il più anziano, Cheng Hao (1032-1085), fondatore della corrente *Xin Xue* (Scuola dello Spirito), che giunse a compimento invece con Wang Shouren.

> «La funzione del Cielo e della Terra è la nostra funzione. Mencio diceva che tutte le cose sono complete dentro di noi. [...]. Se riflettendo non comprendessimo che le cose stanno realmente

[1] Fung Yulan, *Storia della filosofia cinese, op. cit.*, p. 66.

così, allora ci sarebbero ancora due cose – il sé e il non sé – in contrasto reciproco. [...]. Se ci educhiamo a quest'idea non siamo tenuti a fare null'altro. Dobbiamo fare qualche cosa, mai fermarci e mai dimenticare, inoltre non aiutare mai a crescere, ma farlo senza il più piccolo sforzo»[2].

È evidente che il metodo di Mencio di «non aiutare mai a crescere» fosse tenuto in grande considerazione dai neoconfuciani, che lo citarono e vi ispirarono la propria filosofia, pur originale rispetto al confucianesimo storico.

Il principio di *wu wei* come «inazione» si trasforma, nell'etica neoconfuciana, in quello di «non forzare», ovvero di «non spingere l'azione» naturale delle cose all'eccesso delle proprie conseguenze: l'arrestarsi e sostare dei neoconfuciani è un arresto dello sforzo, una sospensione delle forzature, la quiete dell'agire secondo natura, all'unisono con il respiro del Cielo e della Terra.

L'affermazione che si deve agire in accordo con il principio secondo cui «si è originariamente una cosa con tutte le cose» significa che c'è qualcosa da fare, ma che non si deve fare alcuno sforzo artificioso, neppure per giungere a questa unità.

«*La Virtù suprema del Cielo e della Terra* è sheng», è riferito nella III Appendice al *Libro dei Mutamenti. Sheng* ha duplice accezione: vuol dire nascere o dare origine alla vita, ma anche «produrre» e «produzione».

Secondo Cheng Hao e la sua scuola in tutte le cose è insito il principio di *sheng*, che appartiene all'universo, in tutte le cose si trova cioè una tendenza alla vita ed è questa tendenza, questo principio innato che rappresenta il cosiddetto *ren* del Cielo e della Terra: la naturale rettitudine, correttezza e proprietà di essere e di agire del Cielo e della Terra. Sarebbe come dire che non c'è errore nell'universo, purché la sua natura non sia forzata. Non è un caso che la parola che nella medicina cinese traduce la «paralisi» sia proprio «non ren» e che Cheng Hao dica:

«*Il medico descrive la paralisi delle braccia e delle gambe di un uomo come non-ren: questa è un'ottima descrizione (della malattia)*»[3].

[2] *Er Cheng Yishu*, quan 24, *Frammenti letterari dei due Cheng, capitolo 24*, trad. in Fung Yulan, *op. cit.*, p. 227.

[3] *Ibid., quan 2a*, cap. 2.

Una è la sostanza, diversi i principi

Il cosmologo Zhang Zai (1020-1077) aveva messo in particolare evidenza l'idea del *qi*, che letteralmente significa «aeriforme» o etere, ma che il pensiero cinese ha finito con l'associare all'idea di energia. Perché? Nel neoconfucianesimo il suo significato appare a volte più concreto, a volte più astratto, in rapporto alle diverse scuole e ai differenti sistemi filosofici. Nella sua accezione astratta, finisce con l'avvicinarsi al concetto aristotelico di «materia», contrapposto alla «forma» o alle idee platoniche; ma nell'accezione più concreta che gli attribuisce Zhang Zai non è materia indifferenziata ma materia fisica, della quale sono composte tutte le singole cose, dotata appunto di una energia, un intimo dinamismo.

Zhang Zai spiegava quindi l'apparire e il disparire delle cose in termini di «rarefazione e condensazione» del *qi*, che contrassegnerebbe l'intimo pulsare dell'universo, con i suoi mutamenti, le sue nascite e morti apparenti, apparizioni e sparizioni della materia.

Per quanto affascinante, la teoria di Zhang Zai non è però in grado di giustificare la ragione e il modo della differenziazione della materia, secondo la miriade di potenzialità di essere e di categorie delle cose.

Alla teoria di Zhang Zai, Cheng Yi e Zhu Xi affiancarono, per colmare questo vuoto, il principio di *li*: esisterebbero differenti tipologie di cose perché la condensazione del *qi* si realizza in diversi modi in rapporto al *li*, un fiore in rapporto al *li* del fiore, un albero in rapporto al *li* dell'albero.

Per comprendere questa intima partecipazione di tutte le cose – e anche del mondo umano – al *qi* universale, alla materia differenziata o indifferenziata che sia, Cheng Yi dice che «abbiamo bisogno di *jing*».

> «Nell'educarci abbiamo bisogno di *jing*, col procedere della conoscenza abbiamo bisogno di una maggiore estensione di *jing*»[4].

Fung Yulan traduce *jing* con «attenzione», indicando che tale parola sostituisce la sua omofona, utilizzata da Zhou Dunyi con il significato di «quiete».

[4] *Ibid.*, cap. 18.

Anne Cheng preferisce tradurre la stessa frase, sostituendo la dizione «attenzione» con quella di «gravità»: l'arricchimento morale richiede gravità, e il progresso nello studio risiede nell'estensione della conoscenza[5].

Che si preferisca tradurre la parola *jing* con attenzione o gravità, ovvero serietà, essa non definisce in alcun caso la «quiete» di Zhou Dunyi, che suona foneticamente come *jing*, ma è indicata da un differente carattere della lingua cinese e ha dunque una differente funzione semantica.

Jing di «attenzione» implica la richiesta di uno sforzo nel processo educativo: per giungere alla auspicata assenza di sforzo è necessario quindi per i neoconfuciani molto sforzo iniziale, fermarsi e sostare sì, ma per porre molta concentrazione nell'apprendimento.

Tale «fermarsi e sostare» non è pura quiete e neppure fissità nell'inazione, non è vuoto buddhista della mente, ma concentrazione assoluta dopo che ogni sforzo è stato compiuto.

Di fronte alle emozioni

Il *Sanguo zhi yanyi* (La Storia dei Tre Regni), romanzo attribuito a Luo Guanzhong (ca. 1330-1400), ma ambientato nel periodo di disordini e guerre civili che intercorse tra il 180 e il 280 d.C., quando a seguito della sommossa dei Turbanti Gialli l'impero degli Han si divise nei tre regni di Wei, Wu e Shu-Han, riporta una discussione tra He Yan (ca. 190-249) e Wang Bi (226-249), il più eminente commentatore del *Laozi*.

He Yan, seguendo il *Zhuangzi*, sostiene che il saggio sia privo di piacere e di ira, di dolore e gioia, ma Wang Bi è di differente opinione: è lo spirito ciò che distingue il saggio dall'uomo comune, con il quale questi però condivide le emozioni, in quanto proprie della natura umana.

Possedendo il saggio normali emozioni, egli non può porsi di fronte alle cose senza una reazione di gioia o dolore, ma che egli risponda alle cose non vuol dire che ne sia preso in trappola (*Commentario*, cap. 28).

[5] Cheng, Anne, *op. cit.*, p. 507.

Il *Zhuangzi*, al capitolo settimo, paragona la mente dell'uomo perfetto a uno specchio «che non si muove con le cose né le anticipa, le riflette ma non le trattiene». Per questo all'uomo perfetto è riconosciuta la qualità di trattare con le cose senza subirne l'influenza.

La concezione del saggio di fronte alle emozioni, nella filosofia neoconfuciana di Cheng Hao, è simile a quella di Wang Bi:

> «Lo spirito del Cielo e della Terra è in tutte le cose: essi non hanno spirito per se stessi. Le emozioni del saggio secondano la natura delle cose: egli non ha emozioni personali. Ne consegue che nulla è meglio, per l'uomo superiore, dell'essere impersonale e imparziale e del rispondere alle cose, così come esse vengono, con la massima spontaneità. È fonte di grande disagio invece per l'uomo sia il suo egoismo e sia la sua razionalità. Essendo egoista, l'azione non sarà spontanea; essendo razionale non potrà affidarsi all'intuizione come alla sua guida naturale.
> Quando l'uomo saggio è soddisfatto, è per effetto della presenza dell'oggetto che gli fa piacere; quando l'uomo saggio è adirato, è perché gli sta di fronte l'oggetto della sua ira. La gioia e l'ira del saggio non dipendono da uno stato della sua mente ma dalle cose che ne sono causa»[6].

Secondo Cheng Hao, come per Wang Bi, è naturale che il saggio faccia esperienza del piacere e dell'ira, come reazioni a cause atte a provocare queste emozioni; pur tuttavia, la sua mente resta in uno stato impersonale, obiettivo e imparziale, senza fissarsi impropriamente sullo stato d'ira o di piacere. Il filosofo fa l'esempio dell'uomo che veda un bambino cadere in un pozzo: seguendo il suo istinto naturale, correrebbe a salvare il bambino, giungere in tempo gli darebbe gioia, non riuscire a salvarlo dolore e contrizione. Tuttavia, conclusosi l'episodio, qualunque ne fosse l'esito, per l'uomo saggio finirebbe anche lo stato emotivo a questo collegato: egli non persisterebbe nella gioia euforica, né si ritirerebbe in un dolore penoso. Egli ha provato un'emozione, ma non è stato preso in trappola.

Un ulteriore esempio caro ai filosofi neoconfuciani è quello di Yan Hui, il discepolo prediletto di Confucio: «Hui non fa cadere la propria ira su un altro» (*Lun Yu*, VI, 2).

[6] *Mingdao wenji, Raccolta di scritti di Cheng Hao,* cap. 7. Il titolo dell'opera si riferisce al nome di Chen Mingdao, che è pure attribuito a Cheng Hao.

Quando un uomo è irritato è facile che riversi la propria ira da ciò che ne è oggetto a ciò che le è estraneo, che maltratti altra gente o distrugga cose che in realtà non hanno nulla a che fare con le sue emozioni.

Yan Hui invece non riversava la sua rabbia sugli altri, perché egli reagiva alla cosa che provocava l'emozione nel suo spirito, così come lo specchio riflette l'immagine, ma il suo sé restava estraneo alle emozioni e pertanto non ne era preso in trappola.

È questa – per i neoconfuciani – la vera quiete della mente, la via stessa della felicità.

Zhou Dunyi

È il primo pensatore di epoca Song (nasce nel 1017 e muore nel 1073) a riportare in primo piano nel suo tempo il *Classico dei Mutamenti*, la grande summa della filosofia yin-yang.

I suoi scritti principali sono il *Taijitu shuo* (Spiegazione del Diagramma del Culmine supremo) e il *Tongshu* (Libro che consente di comprendere i Mutamenti).

Nella *Spiegazione del Diagramma del Culmine* supremo è detto:

> «Senza Culmine eppure Culmine supremo! Il Culmine supremo nel movimento dà origine allo *Yang*, il moto giunto al suo culmine diventa quiete, nella quiete ha origine lo *Yin*, la quiete giunta al suo culmine fa ritorno al moto. Moto e quiete s'alternano, prendono radice l'uno nell'altro. Uno *Yin*, uno *Yang*, dalla loro ripartizione sorgono i due modelli. Dalla trasformazione dello *Yang* e dalla sua unione con lo *Yin* nascono acqua, fuoco, legno, metallo, terra. Allorché queste cinque energie agiscono in successione armoniosa, le quattro stagioni seguono il loro corso. [...].
> Il *Dao* del *qian* si fa maschile, il *Dao* del *kun* si fa femminile[7]. Queste due energie in interazione generano e trasformano i diecimila esseri. I diecimila esseri si riproducono e proliferano, e le loro trasformazioni non hanno fine.
> Soltanto l'uomo, ricevendo il meglio, possiede la più alta intelligenza. Allorché prende corpo, il suo spirito sviluppa una coscien-

[7] *Qian* e *kun* sono i due primi esagrammi del *Classico dei Mutamenti*: qian è interamente composto da tratti *yang* continui ed è associato al Cielo, *kun* è interamente composta da tratti *yin* fratti ed è associato alla Terra.

za. I cinque elementi della sua natura agiscono e reagiscono: così appare la distinzione fra ciò che è buono e ciò che è malvagio, così si manifestano le diecimila attività umane.
Il Santo le regola tramite il Mezzo, la rettitudine, l'umanità e l'equità (il *Dao* del Santo non è nient'altro che Mezzo, rettitudine, umanità ed equità), fondandosi sulla quiete (allorché v'è assenza di desideri, v'è quiete)[8]. Così egli porta la dimensione dell'uomo al suo Culmine [...]»[9].

La nozione di «Senza Culmine» (*wu ji*) deriva direttamente dal *Laozi*, dove compare nel XXVIII capitolo:

«Colui che conosce il bianco ma si attiene al nero è la misura del mondo. Egli è la misura del mondo; la Virtù (forza, *Tè*) costante non gli manca. Egli ritorna allo stato in cui non ci sono poli (di opposizione)»[10].

Lo stato in cui non ci sono poli di opposizione è *wu ji* (senza culmine, senza estremi), che viene tradotto anche «infinito».

Lo stesso passo del XXVIII capitolo, infatti, nella versione di Fausto Tomassini suona come segue:

«Chi sa d'esser candido / e si mantiene oscuro / è il modello del mondo, / essendo il modello del mondo / la virtù mai non si scosta da lui / ed ei ritorna all'infinito»[11].

Qui il capitolo XXVIII viene intitolato *Tornare alla semplicità* e corredato del commento di Heshang Gong:

«Il chiaro esemplifica lo splendore, l'oscuro esemplifica il silenzio. Anche se sa d'esser brillante e chiaro, l'uomo deve mantener-

[8] Le note che compaiono in parentesi sono presenti nell'originale di Zhou Dunyi e non rappresentano una nota del traduttore.

[9] *Taiji shuo* (Spiegazione del diagramma del Culmine supremo), in *Zhouzi quanshu* (Opere complete di Maestro Zhou), Shangwu Taipei, 1978. L'ultima edizione delle opere complete di Zhou Dunyi è la seguente: *Zhou Dunyi ji* (Opere di Zhou Dunyi), Zhonghua shuju, Beijing, 1990.

[10] *Tao Tê Ching, Il Libro della Via e della Virtù* (Duyvendak J.J.L., a cura di), *op. cit.*, p. 80.

[11] *Tao Tê Ching*, XVIII cap., in *Tao. I grandi testi* (trad. di Fausto Tomassini), *op. cit.*, p. 97.

si silenzioso, come un ottenebrato a cui nulla è manifesto. Quando è così può essere il modello del mondo e la virtù rimane sempre in lui»[12].

L'*incipit* della *Spiegazione del diagramma del Culmine supremo* – che suona: Senza Culmine, eppure Culmine supremo! (*wu ji er taiji*) – è oggetto di una celebre controversia filosofica fra Zhu Xi e Lu Xiangshan, incentrata sulla interpretazione della congiunzione er, che in cinese può significare sia «e» e sia «e poi, e quindi». Si deve interpretare allora che il Senza Culmine (*wu ji*) preceda il Culmine supremo (*tai ji*), come in Laozi «l'esserci» (*you*) nasce dal «non-esserci» (*wu*), oppure semplicemente *wu ji* e *tai ji* sono un'unità dietro due denominazioni?

Zhu Xi propende per l'interpretazione della «unicità della realtà»: un unico principio – colmo di energia e dotato di una sostanzialità che lo oppone alla vacuità buddhista – informa la realtà, declinandosi in due aspetti, costitutivo e funzionale.

La distinzione tra principio (costitutivo) ed energia (funzionale) – fra «a monte delle forme» e «a valle delle forme» – non può comunque corrispondere alla distinzione della filosofia occidentale tra metafisica e fisica, trascendenza ed immanenza, perché non prevede una dicotomia di piani quanto una sostanziale coincidenza di piano tra la realtà e i suoi principi.

Se Lu Xiangshan fiuta il pericolo di «un principio celeste» a monte delle forme e dissociato dal mondo, Zhu Xi rivendica la ricaduta di questo principio nel mondo, riconducendolo alla dimensione dell'uomo, della sua esistenza, della sua vita quotidiana.

> «Se Maestro Zhou (Dunyi) definisce il Culmine supremo Senza Culmine, è precisamente perché esso non ha né aspetto né luogo, considerando ch'esso è presente prima delle cose e che pur tuttavia perdura allorché queste abbiano fatto la loro apparizione [...], che pervade il tutto ed è ovunque presente senza che si possa assegnarvi in partenza né suono né odore, ombra né eco»[13].

[12] *Ibidem*, p. 98.

[13] Lettera 5 di Zhu Xi a Lu Xiangshan, in *Lu Jiuyuan ji* (Opere di Lu Jiuyuan). Lu Xiangshan è infatti, secondo il costume cinese della attribuzione degli pseudonimi, un altro nome che indica il maestro Lu Jiuyuan.

Zhu Xi nega ogni dualismo, affermando che l'uno è la realtà, prima del manifestarsi delle forme, e l'altro è la stessa realtà, quando le forme si siano rese manifeste.

«Quando Laozi parla di esserci e non-esserci, egli li considera due entità; quando Maestro Zhou parla di esserci e non-esserci egli li considera Uno.
Dire Senza Culmine e nondimeno Culmine supremo (*wu ji er tai ji*) è come parlare dell'agire e del non agire»[14].

Moto e quiete, azione e inazione sono il ritmo incessante della realtà, la danza della vita.

«Quieto e senza moto, tale è l'autentico (*cheng*). Sollecitato e quindi in comunicazione universale, tale è lo spirituale. Messo in moto senza avere ancora forme fisiche, al limite fra ciò che è e ciò che non è – tale è l'infimo. L'autentico, essendo quintessenziale, irradia la sua luce. Lo spirituale, lasciandosi sommuovere, compie prodigi. L'infimo, essendo infinitamente sottile, resta misterioso. Colui che unisce l'autentico, lo spirituale e l'infimo è il Santo»[15].

La santità è dunque semplice «autenticità», è perfetto adeguamento fra Uomo, Terra e Cielo.

Per Zhou Dunyi l'autenticità è per sua natura quieta, ma dinamica nella funzione: se l'autentico risiede nel non agire, è però «l'infimo inizio di ciò che è buono e di ciò che è malvagio».

Zhou Dunyi parte dalla idea menciana che la pratica morale si fondi sulla natura e procede cercando di trovare un equilibrio, il Mezzo, tra il non-agire dei taoisti e il volontarismo dei confuciani.

Si rammenti la storiella – riportata da Mencio – dell'uomo di Song che voleva far crescere le sue pianticelle più in fretta a forza di strattoni: questo è il dilemma in cui si dibatterà tutto il successivo pensiero filosofico di epoca Ming. Aiutare a crescere o lasciar cadere completamente il processo di coltivazione morale? Entrambe le scelte possono rivelarsi pericolose: regolare invece la condotta tra-

[14] *Ibidem*, Lettera 6. L'edizione moderna delle opere complete di Lu Xinagshan è *Lu Jiuyuan ji*, Zhonghua shuju, Beijing, 1980.

[15] Zhou Dunyi, *Tongshu* (Libro che consente di comprendere i Mutamenti).

mite il Mezzo consiste – sulla scorta degli insegnamenti di Mencio – nel lasciare che la propria naturale bontà si manifesti.

Come vivere una moralità che sia spontaneità, pur consapevoli della inevitabile esistenza del male, che il pensiero buddhista aveva posto in primo piano e lo stesso Zhou Dunyi riconosce nell' «infimo inizio di ciò che è buono e ciò che è malvagio»?

Ne discende l'importanza di riconoscere il potenziale adeguamento fra Uomo e Cielo, un intimo rispecchiarsi di questo in quello, in una superiore risonanza naturale.

> «Solo colui che ha la massima sincerità sotto il cielo è capace di sviluppare pienamente la sua natura. Essendo capace di sviluppare pienamente la sua natura, è capace di sviluppare pienamente la natura degli altri uomini; essendo capace di sviluppare pienamente la natura degli altri uomini, è capace di sviluppare pienamente la natura degli esseri; essendo capace di sviluppare pienamente la natura degli esseri, può assecondare le forze trasformatrici e sostentatrici del Cielo e della Terra. Quando può assecondare tali forze, entra in terna con il Cielo e la Terra»[16].

Come Zhou Dunyi, anche Zhangzai vuole ricostituire l'equilibrio e riconciliare «non agire» taoista e «agire» confuciano e così egli declina all'interno dell'essere umano le medesime distinzioni che riconosce nel *qi*, l'energia universale, capace di raffinarsi e condensarsi, materializzarsi ed essere spirito «vuoto» al contempo.

In quanto spirito vuoto alla stregua del *qi*, l'uomo sarà libero dai pregiudizi, capace di coscienza intuitiva, conoscenza immediata e svincolata dai sensi, di ritorno al vuoto.

> «Allargando il proprio spirito, è possibile fare tutt'uno con le cose dell'universo. Fintantoché non si sia fatto tutt'uno con ogni cosa, resterà qualcosa di esterno allo spirito. Lo spirito degli uomini comuni si limita entro gli stretti confini di ciò che vedono ed odono. Il santo realizza pienamente la sua natura e non lascia che il suo spirito sia impacciato da ciò che vede ed ode (...)»[17].

[16] *Chung Yung* (*Zhong Yong*), L'Invariabile Mezzo, in Tommasini, Fausto, a cura di, *I quattro libri di Confucio,* Utet, Torino, 2003, cap. XXII, p. 118.

[17] *Zhengmeng* (L'iniziazione corretta), 7, in *Zhangzai ji* (Opere di Zhangzai), Zhonghua shuju, Beijing, 1978.

Conoscenza intima e azione spontanea

La distinzione elaborata da Zhangzai tra una conoscenza mediata e impacciata dai sensi e un genere di conoscenza interiore, intuitiva, immediata, che è una specie particolare di coscienza morale, capace di travalicare e superare gli ostacoli frapposti dalla mediazione sensoriale alla fragile conoscenza operata dall'intelletto, è ripresa dai fratelli Cheng.

> «La vera conoscenza non è conoscenza ordinaria. Mi è accaduto di vedere un contadino che era stato ferito da una tigre. Allorché qualcuno parlò di una tigre che aggrediva la gente, tutti furono presi da spavento, ma soltanto il contadino cambiò faccia in modo affatto particolare. Nessuno, neanche un bambino alto come un soldo di cacio, ignora che una tigre può sbranare un uomo, ma ciò non è ancora vera conoscenza. Conta soltanto una conoscenza simile a quella del contadino.
> Così coloro che persistono a fare ciò che sanno esser male non ne hanno ancora una vera conoscenza; se l'avessero, di certo non lo farebbero.
> Occorre partire dal fondamento che è la conoscenza. Allorché questa assume profondità, l'azione non può che aver esito positivo»[18].

La conoscenza intima è una sorta di conoscenza esperienziale che si traduce nell'immediatezza dell'azione, nella sua spontaneità, in assenza di sforzo, e che finisce con l'equivalere al non-agire taoista:

> «Dato che si è capaci di conoscere e vedere il Principio, come non ci si potrebbe comportare in funzione di tale conoscenza? Dal momento che ogni azione si fa come deve farsi, non c'è bisogno di far intervenire l'intenzionalità. Se un tale bisogno sussiste, ciò accade perché lo spirito è sotto l'influenza dell'io»[19].

Anche una intenzionalità positiva è frutto delle percezioni illusorie e delle divisioni operate dall'io: partecipando, al contrario,

[18] *Yishu*, 25, in *Er Cheng ji* (Opere dei Fratelli Cheng): *Yishu* è abbreviazione di *Henan Chengshi yishu* (Scritti lasciati dai Cheng di Henan). L'edizione moderna di *Er Cheng ji* è edita in 4 voll., Zhonghua shuju, Beijing, 1981.

[19] *Yishu*, 17.

all'armonia universale, laddove ogni frattura individualistica si ricompone, conoscenza e azione procedono nella loro intima, spontanea e sostanziale unità:

«Non v'è che un Culmine supremo unico, ma ciascuno dei diecimila esseri l'ha ricevuto in retaggio, di modo che ciascuno lo possiede nella sua totalità. Accade come per la luna: non ve n'è che una nel cielo, ma allorché il suo riflesso si spande su fiumi e laghi, essa è visibile in ogni luogo senza che si possa dire che sia divisa»[20].

[20] Zhu Xi, *Zhuzi yulei* (Raccolta ragionata dei discorsi di Maestro Zhu), 94, Zhonghua shuju, Beijing, 1986. La traduzione parziale in inglese compare in: Daniel K. Gardner, *Learning to be a Sage: Selections from the Conversations of Master Chu, Arranged Topically*, University of California Press, Berkeley, 1990.

Capitolo 4
Wu wei e il pensiero confuciano: la spontaneità della virtù

Il pensiero ormai è fiaccato e non si può più usare [...]. Come la carta argentata che, una volta sgualcita, non può più tornare perfettamente liscia.
(Ludwig Wittgenstein, *Pensieri diversi*, 1931)

Il sinologo François Jullien ha affrontato nei suoi studi il tema della «saggezza» posta di fronte alla «filosofia». Disquisire del tema della saggezza, nella filosofia cinese, è disquisire quindi del saggio per eccellenza, che fu Confucio.

«Da questo dialogo, progressivamente costruito, (tra saggezza e filosofia) – egli ci dice – mi aspetto almeno di poter sottrarre la saggezza all'orizzonte mistico che, tradizionalmente, quando la si vuole lavare della sua insipidità, bagnandola con i colori dell'estasi, serve a ridarle smalto (la cosa peggiore è proprio il fantasma "occidentale" che si proietta sull'Oriente...» rivestendolo di miti)[1].

Desiderando che il mondo continui a dispiegarsi di fronte a lui con le sue miriadi di potenzialità e nella spontaneità della sua

[1] François Jullien è una delle personalità eminenti della filosofia e sinologia contemporanee: già direttore del Collège International de Philosophie, è attualmente direttore dell'Institut de la Pensée Contemporaine e professore dell'Università di Paris VII. Conducendo una appassionata riflessione sui nostri partiti presi teorici, esplora la saggezza cinese nella specificità del suo linguaggio, della intelligibilità possibile di una logica senza logos. Eludendo l'ossessione della verità nella quale si è impigliato il pensiero occidentale, affascinato dall'assoluto reso possibile dalla ontologia, la saggezza orientale ha scelto la via di una presa di coscienza umana di quella evidenza ordinaria della realtà e dell'esistenza, che ci rimane nascosta proprio perché l'abbiamo quotidianamente sotto gli occhi.

virtù, il saggio rinuncia alla tentazione della filosofia: l'arbitrio della prima idea, un assunto, un postulato che costruisce certezze ma edifica dogmi.

> «Questa prima idea è infatti già settaria: [...] mettendosi a tirare un filo, l'uno o l'altro, nella matassa delle coerenze, si è cominciato a increspare il pensiero in un certo senso. Così, avanzare un'idea equivale a perdere di colpo quello che si voleva cominciare a chiarire, per quanto si operi con prudenza e anche con metodo: si è condannati a un punto di vista particolare, qualunque sforzo si faccia poi per riconquistare la totalità. Non la si finirà più, ormai di dipendere da questa piega, quella formata dalla prima idea avanzata»[2].

Il saggio non vuole chiudersi in una posizione esclusiva, ma intende mantenersi aperto a tutte le possibilità. Nei *Dialoghi*, così il maestro esprime questa preoccupazione:

> «L'uomo nobile di animo è di ampie vedute e imparziale; l'uomo dappoco è limitato e parziale»[3].

La tendenza del pensiero a ricorrere al potere ordinatore di un primo elemento, di una prima idea aprioristica, a cadere nella trappola del presupposto, viene enunciata come segue:

> «Il Maestro disse: "Le Odi sono trecento e tuttavia si possono riassumere in una frase: non deviare col pensiero"»[4].

Nella stessa direzione Wang Fuzhi commentò la formula dello *Yi Jing* (il Libro dei Mutamenti): «Vedere il branco dei draghi senza testa: successo supremo».

[2] Jullien François, *Il saggio è senza idee*, Einaudi, Torino, 2002. (Edizione originale: *Un sage est sans idée*, Editions du Seuil, Paris, 1998). Per un approfondimento si veda anche: Jullien, F., *Strategie del senso in Cina e in Grecia*, Meltemi, Roma, 2004.

[3] Confucio, *Dialoghi*, *op. cit.*, II, 14, p. 15.

[4] *Ibidem*, II, 2, p. 11. L'Ode a cui Confucio si riferisce è la 297 dello *Shijing* (in Legge, J., *The Chinese Classics*, vol. IV, New York, 1971, p. 612).

> «Senza testa» vuole significare appunto che tutti i draghi sono dotati di una medesima potenzialità, uguale capacità, e pertanto nessuno di essi viene messo davanti, nessuno apprezzato o disprezzato in rapporto agli altri, ma tutti, restando in gruppo e sullo stesso piano, vengono visti «senza testa»[5].

Parimenti, ognuno dei tratti del reale può ugualmente risaltare e manifestare spontaneamente – come un drago – la pienezza della sua virtù, la ricchezza delle sue possibilità.

Il pensatore cinese non ha mai incontrato la sfinge: non pensa a scoprire il mistero, disvelare il vero, penetrare l'enigma, quanto a chiarire l'evidenza, a realizzare le virtù spontanee del reale, quando esse si presentino sullo stesso piano e non siano nascoste dalle trappole del pensiero.

Questo estremo sforzo di ampliare la mente, al di là della fissità del pensiero, con i suoi partiti presi, è ben esemplificato nel passo dei *Dialoghi* che segue:

> «Il Maestro disse: "Sono veramente giunto alla sapienza? Non lo sono. Tuttavia, se un uomo qualunque mi pone un quesito, la mia mente si libera per analizzarlo in lungo e in largo e sviscerarne ogni aspetto"»[6].

Affrontando il mondo senza proiettarvi alcuna visione preconcetta, nella più ampia libertà dai condizionamenti, e mantenendo quindi con esso un rapporto totalmente aperto, il saggio può accogliere e far confluire in sé tutte le differenze: se giudizio e comportamento non si sclerotizzeranno in una disposizione particolare, non ci sarà ostacolo all'evoluzione del pensiero e dell'azione.

> «Quattro erano le condizioni da cui il Maestro rifuggiva: speculazione, pervicacia, inflessibilità ed egoismo»[7].

[5] Wang Fuzhi, *Zhouji neizhuan* (Commento al Libro dei Mutamenti), in *Chuanshan quanshu* (Opere complete di Chuanshuan), Changsha, Yuelu shushe, 1988. Wang Fuzhi è noto anche con lo pseudonimo di Chuanshan, montagna dello Hunan nella quale egli visse in ritiro.

[6] Confucio, *Dialoghi*, *op. cit.*, IX, 8, p. 97.

[7] *Ibidem*, IX, 4, p. 95.

Eludere la tendenza speculativa del pensiero significa per Jullien che il saggio è «senza idea (privilegiata)», privo di necessità predeterminata a dimostrare questo o quello, di posizione fissa e inflessibile, e rifugge dalla particolarità dell'io.

Non pretendendo di «porre avanti alcuna testa di drago» e avanzare alcuna idea sull'altra, il saggio non ha imperativi categorici da rispettare, non si fossilizza su una posizione data, ma si apre alla totalità del processo eludendo ogni sollecitazione particolaristica. Ciò non significa che il saggio sia senza impegno, quanto piuttosto che egli prende partito senza partito preso.

Wu ke wu bu ke – dice Confucio, «non c'è niente che io possa o non possa, che mi convenga o non mi convenga». Egli non inclina da nessuna parte, né agisce intenzionalmente guidato dalla fissità del pensiero. La particolare tipologia di *wu wei* che Confucio propugna è quella di un impegno senza iniziativa particolare, in bilico costante e in continua regolazione:

> «Il Maestro disse: "L'uomo nobile di animo nelle vicende umane non assume mai un atteggiamento di assoluta accettazione o di rifiuto. Egli persegue il giusto"»[8].

Il giusto mezzo non è la mezza misura, né un banale consiglio di prudenza.

Anche nella filosofia greca il mezzo possiede il suo statuto teorico: per Aristotele, a metà strada tra paura e temerarietà c'è il coraggio, tra prodigalità e parsimonia c'è la liberalità; in Socrate misura e proporzione assumono uno statuto morale: «Callicle, se credi che si debba darsi da fare per prevalere sugli altri, è perché trascuri la geometria!».

Nella saggezza cinese il giusto mezzo non è ispirato da un consiglio timoroso, da una inclinazione pavida, ma, proprio al contrario, da una forma particolare di pensiero degli estremi, che permette l'espressione di entrambi per variazione da un polo all'altro, in un ideale di continua regolazione, che lasci alla realtà pienezza e spontaneità di espressione.

Basta non agire, perché il reale dispieghi tutte le sue possibilità; basta variare l'inclinazione da un polo all'altro, a seconda delle cir-

[8] *Ibidem*, IV, 10, p. 37.

costanze, in virtù del fatto che nessun partito preso è adottato, perché il corso evolutivo dell'universo si compia.

Wu ke bu ke (potere tanto l'uno quanto l'altro) significa non agire univocamente, ma continuare a evolversi per adattarsi alla situazione, regolando l'inclinazione a seconda di questa. Ogni azione data a priori, ogni inclinazione assunta rigidamente è un blocco della spontanea natura evolutiva dell'universo, una prigione nel quale il nostro stesso intelletto ci intrappola con le seduzioni della speculazione.

Il medio non è fermarsi dunque a metà strada, ma non arenarsi qui o lì: procedere, fluire, seguire le trasformazioni, assecondare i mutamenti, essere capaci tanto dell'uno quanto dell'altro, non essere capaci di un solo uso.

> «Un uomo del villaggio Daxiang esclamò: "Che uomo Confucio! La sua cultura è vasta, tuttavia non vi è nulla in particolare per cui sia noto". Udendo queste parole, il Maestro si rivolse ai suoi discepoli e disse: "In che cosa dovrei specializzarmi? Nella guida del carro? Nel tiro con l'arco? Dunque guiderò il carro"»[9].

È chiaro come, in questo contesto di pensiero, anche i concetti di bene e di male mantengano in Cina una loro reciproca complementarietà: non c'è da un lato il reale e dall'altro il bene, sul piano astratto degli assoluti, ma ciò stesso da cui procede il reale (la condizione del suo accadere) è anche la norma del bene. Persino la stessa definizione di «norma del bene» suona estranea alla specificità del pensiero cinese: essa sarà piuttosto la Via, principio e condizione attraverso il quale il reale si compie, al di là del bene e del male.

Così il saggio è colui il quale raggiunge un tale livello di perfezione che il suo comportamento è automaticamente, spontaneamente buono, perché spontaneamente egli si adegua alla continua regolazione del reale, stando nel mezzo.

L'indeterminatezza del concetto di Via morale lascia maggiore spazio per l'adozione delle soluzioni più opportune nei singoli casi concreti. Come ha osservato A.S. Cua:

[9] *Ibidem*, IX, 2, p. 93.

«L'adozione della Via e dell'Umanità come principi governanti la propria vita non implicano una determinata concezione dell'ideale da realizzare. Significa adottare un atteggiamento e decidere, con la mente e il cuore, di intendere le cose e gli eventi in modo che possano divenire gli ingredienti di un'unità armoniosa [...]. Poiché la coerenza desiderata dall'ordine morale non è esplicitamente presentata a priori, l'armonizzazione degli elementi conflittuali nell'esperienza è essenzialmente uno sforzo creativo da parte sia del moralista confuciano che di colui che agisce»[10].

Il saggio non si attacca a nessuna idea, neppure al «mezzo» (dei confuciani) o al «vuoto» (dei taoisti): ciò che valorizza il vuoto dello spirito è il fatto che l'intenzionalità resti libera e indeterminata, ciò che valorizza il mezzo è che esso permetta la libera variazione da un polo all'altro. Non appena invece si tiene al vuoto, fissando su quello la propria intenzionalità, per estremo paradosso il vuoto è perduto, esattamente come non appena si fissi la propria intenzione sul mezzo, l'ampiezza del giusto mezzo è inesorabilmente perduta. Solo la spontaneità mantiene la virtù dei possibili.

Mencio e la spontanea bontà della natura umana

La biografia inclusa dallo storico Sima Qian nello *Shiji* riferisce come maestro Meng (Mengzi o Meng Ke, di cui Mencio è la latinizzazione) provenisse da Zou, un piccolo paese confinante con Lu, stato natale e culla del confucianesimo, e che Zisi, nipote di Confucio, ne fosse stato il maestro.

Il clima di pensiero che riconosciamo ai tempi di Mencio[11] (380-289 a.C. circa), due secoli dopo la nascita del maestro Kong, benché rientri a pieno titolo nell'ambito dell'eredità spirituale confuciana, è tuttavia anche molto differente dal clima filosofico dei tempi di Confucio.

[10] Santangelo, Paolo, *Il peccato in Cina*, Laterza, Roma-Bari, 1991, p. 268. La citazione del Cua ivi contenuta è in: Cua, Antonio, *The Unity of Knowledge and Action. A Study in Wang Yangming's Moral Psychology*, Honolulu, 1982, p. 53.

[11] Cheng, Anne, «Mencio, erede spirituale di Confucio», in *Storia del pensiero cinese, op. cit.*, vol. I, cap. VI, pp. 149-179.

L'assenza di interiorità ed esteriorità che Fingarette aveva analizzato in Confucio[12], restandone affascinato, è superata nel pensiero di Mencio da una più complessa concezione del «cuore», che diventa la sede di ogni virtù della natura umana.

La centralità del «cuore» è un carattere unico e distintivo del pensiero menciano, che ha informato di sé la filosofia cinese dell'uomo e gli orientamenti di valore del mondo cinese a venire.

Lo stesso *li* (il cerimoniale) giunge a indicare una sorta di «sensibilità della forma», il senso interiore delle buone maniere, e affianca le altre tre principali virtù, tutte localizzate nel cuore: *ren*, la sensibilità umana, *yi*, il sentimento della giustizia, *zhi*, la sapienza.

> «Kung Tu-tzu (Gong Duzi) disse: "Kao-tzu (Gaozi) afferma: 'La natura umana (in origine) non ha né il bene né il male'. Altri dice: 'La natura umana può fare il bene e può fare il male: per questo, quando fiorirono Wên e Wu, il popolo amò la bontà, mentre, quando furono sul trono Yu e Li, il popolo amò la crudeltà'. Altri ancora dice: 'Vi sono nature buone e nature cattive: perciò per un sovrano come Yao vi fu uno Hsiang (malvagio fratellastro di Shun), per un padre come Ku-sou vi fu uno Shun, per un nipote e un sovrano come Chou (Hsin) vi furono (uomini come) Chi, visconte di Wei, e Pi-kan, figlio di re'. Ora tu dici: 'La natura umana è buona'. Allora tutti costoro sbagliano?"»[13].

Gaozi contesta a Mencio che anche sotto la guida del saggio Yao ci possa essere stato un personaggio malvagio come Xiang, che Shun fu saggio pur avendo un padre come Gusou e che il visconte Qi di Wei e il principe Bigan si distinsero pur avendo il tiranno Zhou rispettivamente come figlio del proprio fratello maggiore e come sovrano, il che dimostrerebbe – secondo il filosofo – che nell'uomo possano esserci tanto il bene quanto il male e che pertanto nella sua natura non ci sia né il bene e né il male.

Per dimostrare dunque che la natura non è spontaneamente buona ma solo neutrale, ricorre al modello del legno intagliato:

[12] Fingarette, Herbert, «*The Problem of Self in the Analects*», Philosophy East and West, 29-1979, pp. 129-140.

[13] Mencio, VI, 146, in Tomassini, Fausto (a cura di), *I quattro libri di Confucio, op. cit.*, pp. 402-403.

«Kao-tzu disse: "La natura (dell'uomo) è come una betulla, la giustizia come una coppa o una ciotola. Trarre dalla natura umana la carità e la giustizia è come trarre una coppa o una ciotola da una betulla".
"Puoi rispettare la natura della betulla nel farne una coppa o una ciotola?" chiese Mencio. "Devi usare violenza alla betulla per poi farne una coppa o una ciotola. Se devi usare violenza alla betulla per farne una coppa o una ciotola, allora devi anche usare violenza alla natura dell'uomo per farlo caritatevole e giusto?"»[14].

La natura della betulla prevede una crescita in forma di albero, che viene violata se ne intagliamo il legno, così la natura dell'uomo prevede il naturale sviluppo della sensibilità umana che verrebbe violato se con la forza volessimo estrarne anche qualcosa di buono come la carità e la giustizia – è la contro-riflessione di Mencio. La natura umana per Mencio è piuttosto come il tendere al basso dell'acqua:

«La natura umana tende al bene come l'acqua segue il pendio. Non v'è uomo che non sia (originariamente) buono, non v'è acqua che non fluisca verso il basso. Però, se l'acqua la batti e la fai schizzare, puoi farla arrivare al di sopra del capo; se la sollevi (con le dighe) e la guidi, puoi mandarla sulle montagne. È forse questa la natura dell'acqua? È forzata, perciò si comporta così. (Anche) l'uomo può essere indotto ad operare il male, se la sua natura è trattata in questo modo»[15].

Mencio concepiva *xing* (la natura) come un germoglio che va curato, irrorato, nutrito ma non forzato e ciò è chiarissimo nel capitolo dello stesso libro VI, nel quale la paragona alla crescita della vegetazione del monte Niu:

«Mencio disse: "Un tempo, il monte Niu era bellissimo per gli alberi (che lo coprivano), ma, poiché si trovava nel territorio di un grande stato (Ch'i), le asce e le scuri li hanno abbattuti. Può (oggi) considerarsi bello? Eppure, riproducendosi giorno e notte, bagnati dalla pioggia e dalla rugiada, non rimasero senza gettare germogli e polloni, ma vennero buoi e pecore che ne fecero pascolo. Ecco

[14] Mencio, VI, 141, *ibidem*, p. 399.
[15] Mencio, VI, 142, *ibidem*, p. 400.

perché il monte è spoglio in quel modo. Al vederlo così nudo, si crederebbe che mai sia stato coperto di selve. È forse questa la natura del monte?
Anche per quel che vive nell'uomo, vi manca forse il sentimento della carità e della giustizia? Ciò per cui egli perde la sua bontà originaria è come la scure e l'ascia per gli alberi. Quando ogni giorno vi si apporta un taglio, può egli considerarsi bello? Ciò che in lui si riproduce giorno e notte, quella coscienza del bene e del male che, nell'aria tranquilla del mattino, è così vicina a quella degli altri uomini, è poca cosa: l'attività del giorno l'inceppa e l'oblitera. Allorché è stata inceppata a più riprese, l'atmosfera della notte non basta più a ravvivarla. Quando l'atmosfera della notte non basta più a ravvivarla, la distanza tra l'uomo e la bestia è minima. Guardando la bestia, l'uomo pensa che essa non ha mai avuto alcuna capacità (di distinguere il bene dal male). È forse questo il caso dell'uomo? Perciò, se ha il suo nutrimento nulla v'è che non cresca, se manca del suo nutrimento nulla v'è che non deperisca. K'ung- tzu (Confucio) disse: 'Tenetelo forte e vivrà, lasciatelo andare e perirà. Nell'entrare ed uscire non ha un momento (stabilito), nessuno conosce la sua dimora'. È del cuore che parlava"»[16].

In Mencio, il *xing* (la natura) di ogni cosa – compresovi l'uomo – è non solo il corpo delle sue caratteristiche originarie, ma anche un fatto in sé osservabile: quel che ciascuna cosa diventa, nel processo di sviluppo, in assenza di interferenze, ostacoli e violazioni. La spontaneità di *xing* tuttavia non lo priva della sua «natura prescrittiva»: *xing* è spontaneità e norma al contempo, in quanto è il corso di vita (*sheng*) più appropriato per quella determinata cosa.

Le inclinazioni morali appartengono alla natura, per Mencio, quanto la crescita fisica al corpo: sono una germinazione spontanea dell'uomo, non c'è bisogno di apprenderle da un insegnamento esterno, ma possono essere coltivate o lasciate perire.

«Mencio disse: "Tutti gli uomini hanno un cuore che non tollera le sofferenze altrui. [...].
Ciò per cui dico che tutti gli uomini hanno un cuore che non tollera le sofferenze altrui è questo: supponi che la gente veda improvvisamente un bambino che sta per cadere nel pozzo. Tutti provano un sentimento di raccapriccio e di pietà, non perché vogliano guada-

[16] Mencio, VI, 148, *ibidem*, p. 405.

gnarsi la riconoscenza dei genitori del bambino, non perché cerchino la lode dei compagni del villaggio, non perché detestino di farsi la fama (di insensibili). Da ciò appare che esser privo del sentimento della pietà e della commiserazione non è da uomo; esser privo del sentimento della vergogna (per le proprie colpe) e della ripugnanza (per le colpe altrui) non è da uomo; non avere il sentimento della rinuncia (di sé) e della cedevolezza (agli altri) non è da uomo; non avere il sentimento del diritto e del torto non è da uomo.
Il sentimento della pietà e della commiserazione è il bandolo della carità, il sentimento della vergogna e della ripugnanza è il bandolo della giustizia, il sentimento della rinuncia e della cedevolezza è il bandolo dei riti, il sentimento del diritto e del torto è il bandolo della sapienza.
L'uomo ha questi quattro principi come ha le quattro membra [...].
Poiché tutti hanno in sé questi quattro principi, saperli sviluppare e portarli alla pienezza è come il divampare d'un fuoco e lo zampillare d'una sorgente. Sol che si riesca a portarli alla pienezza, bastano per amare e proteggere (tutti tra) i quattro mari; se non vi si riesce, non bastano nemmeno per servire il padre e la madre"»[17].

I quattro impulsi o principi per Mencio sono *duan*, germogli affioranti dal terreno: dalla benevolenza (*ren*) germoglia un cuore compassionevole, dalla giustizia (*yi*) germoglia il sentimento della vergogna, dal cerimoniale (*li*) germoglia il rispetto degli altri, dalla sapienza (*zhi*) germoglia il discernimento di ciò che è da approvare e di ciò che è da condannare.

L'educazione morale cura il processo spontaneo di germinazione e sviluppo dei quattro germogli e, una volta lanciato, come la fiamma innescata sprizza e avvampa, è inarrestabile. Ogni tentativo di forzatura è dannoso: spegne o rende distruttivo quel fuoco, che lasciato libero invece nutre e riscalda il cuore dell'uomo.

Un altro motivo che sostiene Mencio nella sua concezione della spontaneità della crescita morale è la presenza del *qi*, l'energia vitale che «riempie lo spazio che sta tra il cielo e la terra», dilagante ovunque, rigoglioso e fluido[18]:

[17] Mencio, II, 29, *ibidem*, p. 306.

[18] «*Qi* dilagante» è la traduzione che Graham dà della espressione menciana di *haoran zhi qi*, tradotta da Tomassini con la doppia aggettivazione di «rigoglioso e fluido». «Dilagante» ben rende a nostro avviso il concetto

«“Oso interrogare (dice un discepolo di Mencio). Che intendi per spirito vitale rigoglioso e fluido?”
“È difficile spiegarlo” rispose Mencio. “Ecco come è lo spirito vitale: infinitamente grande e massimamente inflessibile. Educato rettamente senza recargli nocumento, esso colma l'intervallo tra Cielo e Terra. Ecco come è lo spirito vitale: è in accordo con la giustizia (la morale) e con la ragione celeste (*tao*). Senza di esse langue. Ma questo è originato da accumulati atti morali, non vi si perviene con un casuale atto morale. [...] Kao-tzu non ha mai compreso la giustizia perché la rende esteriore. Bisogna impegnarsi (nelle azioni di giustizia o morali), ma non per quel precipuo scopo (di nutrire lo spirito vitale). Se la mente non si astrae (da tale compito), non aiuta (lo spirito vitale) a crescere naturalmente”»[19].

L'impegno morale deve essere dunque indipendente dallo scopo, la mente distante dal compito, dal fine: una sorta di habitus naturale privo di ogni forzatura, una predisposizione che naturalmente si compie.

È interessante rilevare che anche Xunzi, che nel dibattito filosofico del suo tempo sulla natura umana la considerava invece malvagia, collocandosi nella posizione diametralmente opposta a Mencio, riteneva tuttavia che il tratto distintivo della specie umana fosse *yi*, il sentimento della giustizia, molto differentemente dal pensiero occidentale che invece rivendica – quale tratto distintivo dell'uomo – «la ragione».

Dire che la natura umana sia naturalmente buona e la virtù spontanea equivale a dire per Mencio che l'uomo ama soddisfarla tanto quanto ama soddisfare i suoi appetiti, con i quali infatti ricorre un altro celebre paragone del testo menciano:

«Mencio dice: “Il pesce è ciò che desidero e anche la zampa d'orso è ciò che desidero: se non posso averli ambedue, lascio il pesce e prendo la zampa d'orso. La vita è ciò che desidero e anche la giustizia è ciò che desidero: se non posso averle ambedue, lascio la

di vasta espansione dell'energia cosmica: si veda per un approfondimento Graham C. Angus, *Disputers of the Tao. Philosophical Argument in Ancient China*, *op cit.*, o la originale traduzione in lingua italiana di Riccardo Fracasso, *La Ricerca del Tao. Il dibattito filosofico nella Cina classica*, *op. cit.*, p. 170.

[19] Mencio, II, 25, *ibidem*, p. 301.

vita e scelgo la giustizia. Desidero, sì, la vita ma v'è qualcosa che desidero più della vita: perciò non cerco di conservarla con mezzi illeciti. Aborrisco, sì, dalla morte ma v'è qualcosa da cui aborrisco più che dalla morte: perciò tra le sventure ve n'è alcuna che non evito. Se tra le cose che l'uomo desidera nessuna fosse più desiderabile della vita, perché egli non s'avvarrebbe di ogni mezzo che può conservare la vita? Se tra le cose che l'uomo detesta nessuna fosse più detestabile della morte, perché non farebbe tutto ciò che rende possibile di scansare la sventura? Con questo si assicurerebbe la vita, ma egli non se ne avvale; con quest'altro scanserebbe la sventura, ma egli non lo fa. Tra le cose che si desiderano, dunque, alcune ve ne sono desiderabili più della vita; tra le cose che si detestano, alcune ve ne sono detestabili più della morte. Non il virtuoso soltanto ha questa disposizione mentale, l'hanno tutti gli uomini: il virtuoso è capace di non farla estinguere"»[20].

La disposizione mentale alla quale fa riferimento Mencio è un criterio di priorità: egli non giudica malsani gli appetiti, ma considera virtuoso rigettare il desiderio meno importante a favore di quello più importante. Questo criterio di priorità si accorda con la concezione olistica del pensiero cinese: significa infatti porsi in accordo con la natura del cosmo e del microcosmo dell'uomo nella sua organica globalità, e – nel «tutto» di cui siamo partecipi – prediligere quel che è prioritario, perché il corpo globalmente funzioni, tralasciando il superfluo.

«Mencio disse: "L'uomo ama tutta la sua persona. Poiché l'ama tutta, tutta la nutre. (Tuttavia) nel corpo vi sono parti nobili e vili, volgari ed elevate: per le volgari non nuocere alle elevate, per le vili non recar danno alle nobili. Chi nutre le volgari (palato e ventre) è un uomo volgare, chi nutre le elevate (cuore e volontà) è un uomo superiore. Ecco qui un giardiniere che trascura l'aleurite e la lindera per nutrire un giuggiolo spinoso: è un ben misero giardiniere. Chi si prende cura d'un dito mentre senza accorgersene perde una spalla è un uomo che fa come il lupo inseguito (che fugge senza riflettere)".
Kung Tu-tzu interrogò dicendo: "Siamo tutti egualmente uomini, ma uno è un grand'uomo e un altro un uomo di nessun conto. Perché?".

[20] Mencio, VI, 150, *ibidem*, pp. 406-7.

"Colui che segue le parti elevate del corpo è un uomo superiore" spiegò Mencio. "Colui che segue le parti volgari del corpo è un uomo volgare".
"Siamo tutti egualmente uomini" insisté il discepolo – eppure uno segue le parti elevate del corpo e un altro le parti volgari. Perché?".
"L'occhio e l'orecchio" rispose Mencio "non sono organi fatti per pensare e sono frastornati dalle cose esteriori: quando una cosa (esteriore) s'incontra con un'altra cosa (i sensi, che non pensano), la fuorvia e basta. La mente invece è l'organo del pensiero. Se pensa apprende, se non pensa non apprende. Questo è ciò che il cielo ci ha dato. Se l'uomo si fonda innanzi tutto sulle sue parti elevate, le sue parti volgari non possono distoglierlo. È questo che fa l'uomo superiore"»[21].

Nell'originale in lingua cinese, le parti più elevate e quelle meno nobili sono rispettivamente *dati* (membra maggiori) e *xiaoti* (membra minori): ne discende che l'uomo che si relazioni alle une sia anch'egli *da* (grande), quello che si relazioni alle altre sia anch'egli *xiao* (piccolo, ovvero un uomo da poco). C'è una spontanea relazione di affinità tra quello che siamo e ciò con cui ci poniamo in relazione. Così occhi e orecchie, in quanto semplici entità in contatto con qualcosa, si lasciano semplicemente attrarre da quel qualcosa e ne verranno quindi distratti e fuorviati. *Il cuore invece è l'organo del pensiero*, la sede nobile della spontanea germinazione delle nostre virtù.

La traduzione di Tomassini, per rendersi accettabile in un testo in lingua occidentale, rende: «la mente invece è l'organo del pensiero», ma nell'originale in lingua cinese «la mente» corrisponde all'organo del «cuore», che per i cinesi – paradosso affascinante e spia rivelatrice della straordinaria specificità culturale di questo mondo – piuttosto che «sentire» può anche «pensare», in quanto organo nel quale si compie la scelta tra *da* (grande) e *xiao* (piccolo), nobiltà e pochezza, sede del discernimento delle priorità, laddove si compie la scelta morale.

[21] Mencio, VI, 155, *ibidem*, pp. 408-9.

Capitolo 5
WU WEI E IL PENSIERO TAOISTA: LA CONSAPEVOLEZZA DEL DIVENIRE

Laozi, la Via e la virtù

Il *Daode Jing* (*Tao Tê Ching*, in altra traslitterazione), ovvero il «Classico della Via e della Virtù», comparve intorno al 250 a.C.[1] e fu anche denominato *Laozi* (che letteralmente significa «vecchio maestro»), dallo pseudonimo di Lao Dan (vecchio Dan), al quale veniva attribuito.

Benché in un episodio di fonti pre-Han venga citata la visita di Confucio a Lao Dan che, quale maestro di cerimonie, avrebbe potuto istruirlo – il che farebbe presupporre la contemporaneità di Confucio e Laozi a cavallo tra il VI e V secolo a.C. – tuttavia l'opera che dal maestro Lao Dan prese il nome non fece la sua comparsa che tre secoli dopo.

L'episodio della visita di Confucio a Lao Dan compare prima di tutto nel *Liji* e assume per i confuciani l'attendibilità stessa

[1] Due manoscritti su seta del *Laozi* sono stati rinvenuti nel 1973 in una tomba di epoca Han a Mawangdui: uno di questi fu redatto durante il regno dell'imperatore Hui (194 – 188 a.C.), l'altro è anteriore al 195 a.C.. Di entrambi i manoscritti sono riportati tanto il testo quanto le traduzioni in Lau D.C., *Chinese Classics: Tao te ching*, Chinese University Press, Hong Kong, 1982. Una traduzione completa della versione del manoscritto di Mawangdui compare inoltre in Mair V.H., *Tao Te Ching: The Classic Book of Integrity and the Way*, Bantam Books, New York, 1990.

Isabelle Robinet data il testo alla fine del IV secolo a.C. o all'inizio del III e sostiene la tesi per la quale esso rappresenterebbe l'esito e la sistematizzazione di una tradizione orale assai più antica (*Polysémisme du texte canonique et syncrétisme des interprétations: Etude taxinomique des commantaires du Daode Jing au sein de la tradition chinoise*, in «Extrême Orient - Extrême Occident», V, 1984, p. 27).

delle fonti classiche, quindi in successive fonti confuciane, taoiste ed eclettiche: da tutte è condivisa inoltre la posizione gerarchica di «maestro» attribuita a Lao Dan rispetto a Confucio, che gli consente di rivolgersi a lui con l'appellativo personale di Qiu.

Da questo episodio così ampiamente citato è discesa la consuetudine di attribuire a Laozi la «prima via taoista» e a Zhuangzi, vissuto nel IV secolo a.C., la «seconda via», in quanto suo successore. Seguiamo la consuetudine, dando spazio prima al pensiero di Laozi riguardo al tema del «non agire» e poi a quello di Zhuangzi, tenendo ben presente però che è assai più probabile – come le fonti manoscritte, e gli stessi contenuti delle opere attribuite ai due maestri, testimoniano ampiamente, per il clima di pensiero che da esse trapela e di cui sono permeate, che il *Zhuangzi* sia antecedente al *Daode Jing*.

«Il *Laozi* è il capolavoro prodotto da un'intelligenza posta agli antipodi della logica, che condensa invece di spiegare e che opera brusche giustapposizioni invece di colmare le lacune» rileva il Graham, in linea con Jullien nel descrivere un orientamento a-concettuale del pensiero cinese[2].

Daode Jing significa – come si è detto – *Classico della Via e della Virtù*: è la via del cosmo e al contempo la via del saggio, perché è la via di natura quella che il saggio percorre, dotato della virtù che gli dà capacità e potenza, ovvero la forza di percorrerla. La Via è pura potenzialità, mutamento e divenire, capacità di adeguarsi al flusso cosmico in perenne trasformazione e di armonizzazione spontanea con il *qi*, l'energia vitale che ci fa partecipi del processo dinamico cui appartengono cielo, terra e le miriadi di creature. Se la scoperta della Via è capacità di divenire, essa è anche inevitabilmente legata all'abbandono dei modi d'agire prescritti e delle idee a-prioristiche.

Quando i modi d'agire a esse vincolati vengono abbandonati, il saggio non agisce (*wu wei*) eppure non v'è nulla che non sia fatto, perché quel che deve compiersi nella spontaneità del *dao* (la via) ha piena libertà di compiersi.

Il testo corrente del Classico della Via e della Virtù si suddivide in ottantuno stanze: quella famosa, di apertura, criptica se non

[2] Graham, Angus C., *Disputers of the Tao.* Philosophical Argument in Ancient China, *op. cit*, trad. italiana: *La ricerca del Tao*, *op. cit.*, p. 298.

esoterica, esclude fin dall'inizio la proposta di un insegnamento strutturato: distici giustapposti propongono alternative sempre sospese e mutevoli.

> «La Via veramente Via non è una via costante.
> I Termini veramente Termini non sono termini costanti.
> Il termine Non-essere indica l'inizio del cielo e della terra;
> il termine Essere indica la madre delle diecimila cose.
> Così, è grazie al costante alternarsi del Non-essere e dell'Essere che si vedranno dell'uno il prodigio, dell'altro i confini.
> Questi due, sebbene abbiano un'origine comune, sono designati con termini diversi.
> Ciò che essi hanno in comune, io lo chiamo il Mistero, il Mistero Supremo, la porta di tutti i prodigi»[3].

La Via senza nome è così proiettata in un tempo nel quale le cose non erano distinte da nomi, ma giacevano indifferenziate nel Non-essere. Questa Via è mutevolezza, alternarsi continuo di Essere e Non-essere, azione e inazione, differenziazione e indifferenziazione, in un contesto nel quale nulla si fa costante, fisso o immutabile.

Laddove iniziano i nomi e le cose si definiscono – per estremo paradosso – dando loro un «termine» esse hanno «termine» e riprecipitano nel Non-essere indifferenziato, che tuttavia non le imprigiona, ma le trasforma.

La nostra filosofia ha generalmente cercato l'Essere, in quanto realtà assoluta, mentre per i cinesi ogni domanda ontologica – *chi sono?, che cosa è (vero)?, essere o non essere?* – è sempre stata sostituita dalla domanda etica, dall'interrogativo morale: *dove è la via?, come vivere?, come porre l'io in relazione agli altri e la comunità in relazione al cosmo?, come agire o non agire?*

[3] Per le traduzioni del *Daode jing* seguiremo la suggestiva traduzione di Duyvendak J.J.L., in *Tao tö king. Le livre de la Voie et de la Vertu*, Librairie d'Amerique et d'Orient, Parigi, 1953, con la versione italiana di Anna Devoto, *Tao Tê Ching*, Adelphi, Milano, 1973. Si tratta infatti di una traduzione bella e di valore storico, confortata peraltro dalla rilettura del grande sinologo francese Paul Démieville. *In Tao. I grandi testi antichi*, Utet, Torino, 2003, tuttavia, la traduzione è operata direttamente dal cinese in lingua italiana dal sinologo Fausto Tomassini e riporta i commenti di Wang Bi (226-249) e Heshang Gong (II sec. d.C., altra datazione non nota).

La lingua cinese non condivide con le lingue del ceppo indoeuropeo l'impiego del verbo di esistenza come «copula». L'uso della copula, propria del nostro ambiente linguistico, presuppone, secondo gli assiomi della filosofia occidentale, che una cosa abbia un suo proprio essere che ne implichi tanto l'esistenza quanto l'essenza, ciò che quella cosa «è in sé»: per il pensiero cinese ai suoi albori, e come esso è andato poi determinandosi seguendo questo orientamento, non conosciamo l'essenza ma solo il nome che a quella si relaziona. È da ciò che deriva la fondamentale e profonda importanza data dai cinesi al nome e all'atto di nominare.

«Quando la fissità del denominare allenta la sua presa su di noi, non separando più l'io che prende le decisioni dall'altro che spontaneamente muta, scopriamo di muoverci sulla via seguita da cielo e terra nel corso dei rispettivi cicli naturali»[4].

L'inversione degli opposti

Graham fornisce una interessante classificazione degli opposti – o brusche giustapposizioni – operati nel *Laozi*, nei quali il testo taoista regolarmente mostra di propendere per B rispetto ad A.

Eccoli elencati:

A= Qualcosa;	B= Nulla
A= Fare qualcosa;	B= (Non) far nulla
A= Sapere;	B= Non-sapere
A= Maschile;	B= Femminile
A= Pieno;	B= Vuoto
A= Sopra, superiore;	B= Sotto, inferiore
A= Davanti;	B= Dietro
A= In moto;	B= Immobile
A= Grande;	B= Piccolo
A= Forte;	B= Debole
A= Duro;	B= Molle
A= Dritto, lineare;	B= Curvo, circolare

[4] Graham, Angus C., *op. cit.* p. 304. Per una trattazione completa della relazione tra il verbo «essere» nelle lingue indoeuropee e l'ontologia occidentale, si veda Graham, A.C., *Studies in Chinese Philosophy and Philosophical Literature*, National University of Singapore-Institute of East Asian Philosophies, Singapore, 1986.

Ogni realtà che assume consistenza, fortezza, durezza, superiorità tornerà – secondo la filosofia del *Laozi* – per la teoria dell'eterno ritorno e del perenne divenire, a essere debole, molle, inferiore per ridivenire infine nulla: l'inversione degli opposti è legge di natura.

> «Il pesante è la radice del leggero; la quiete domina l'agitazione.
> Così il nobile: egli viaggia un giorno intero senza allontanarsi dalla sua (pesante) vettura con i bagagli. Sebbene (intorno a lui) ci siano un accampamento militare e torri di osservazione, egli rimane tranquillo e al di sopra delle cose.
> Come potrebbe comportarsi con leggerezza nei riguardi dell'impero il padrone di diecimila carri da combattimento?
> Se si comporta con leggerezza, allora perde la radice; se con agitazione, allora perde il dominio»[5].

Come il pesante è la radice del leggero, così la nobiltà ha come radice l'umiltà e l'alto come base il basso; il femminile prevale sul maschile grazie al prevalere della quiete sulla agitazione. Da vivo l'uomo è flessibile, da morto è rigido: è il passivo a essere fecondo e vitale, nella quiete scorre libera l'energia, mentre nell'azione è implicito l'ostacolo, con l'ostruzione dell'energia.

> «Un grande paese è a valle. È il punto d'incontro di Tutto-sotto-il-cielo. È come la femmina per Tutto-sotto-il cielo. Con la sua tranquillità, la femmina prevale sempre sul maschio; con la sua tranquillità, essa è al di sotto. Quindi, se si abbassa davanti a un piccolo paese, un grande paese ne conquista uno piccolo; e se si abbassa davanti a un grande paese, un piccolo paese ne conquista uno grande.
> In questo modo, dunque, l'uno conquista facendosi basso, l'altro conquista essendo basso.
> Un grande paese desidera soltanto riunire degli uomini e nutrirli; un piccolo paese desidera soltanto essere accolto e servire. Ma affinché ambedue ottengano ciò che desiderano, è necessario che il grande sia al di sotto»[6].

[5] Duyvendak L.J.L. (a cura di), *Tao Tê Ching*, *op. cit.*, XXVI, p. 76.
[6] *Ibidem*, LXI, p.140.

Un grande regno che si ponga al di sotto del piccolo inevitabilmente lo attrae e lo conquista; un piccolo regno che si ponga al di sotto del grande ne conquista la protezione: ecco che cosa vuol dire che l'uno conquista facendosi basso, l'altro conquista essendo basso.

L'importante è però che «il gran regno non ecceda per la brama di pascere e unire gli altri, il piccolo regno non ecceda per la brama d'essere accetto e servire gli altri»[7], perché ogni eccesso si risolve nel suo contrario, ogni forzatura sortisce il risultato opposto.

> «Quei che volendo tenere il mondo
> lo governa,
> a mio parer non vi riuscirà giammai.
> Il mondo è un vaso sovrannaturale
> che non si può governare:
> chi governa lo corrompe,
> chi dirige lo svia,
> poiché tra le creature
> taluna precede ed altra segue,
> taluna è calda ed altra fredda,
> taluna è forte ed altra debole,
> taluna è tranquilla ed altra pericolosa.
> Per questo il santo
> rifugge dall'eccesso,
> rifugge dallo sperpero,
> rifugge dal fasto»[8].

Nel commento di Wang Bi, che correda il testo nella versione italiana di Tomassini, è chiarito: «Le diecimila creature hanno per natura la spontaneità. Perciò bisogna conformarsi ad esse, non governarle; bisogna essere in relazione con esse, non dirigerle. Le creature hanno una natura costante: chi le stimola e le governa necessariamente le corrompe; le creature hanno dei rapporti fra loro: chi le dirige necessariamente le svia»[9].

Cercando di capire in profondità che cosa significhi davvero «non agire», che cosa implichi nel *Laozi* l'affermazione che «il sag-

[7] *Tao. I grandi testi antichi* (Tomassini, F., a cura di), *op. cit.*, pp. 164-165.

[8] *Ibidem*, XXIX, p. 99.

[9] *Ibidem*, *Commento di Wang Pi*, p. 100.

gio nulla fa e non v'è nulla che non sia compiuto», qui si chiarisce che la non-azione del saggio è rinuncia all'azione forzata, all'applicazione della forza, alla violenza, perché nel mondo naturale come nel mondo degli uomini essa finisce con il ritorcersi inevitabilmente contro se stessa. Assorbendo l'aggressione, evitando cioè di aggredire di rimando, la stessa aggressione diventa inutile e fallisce il segno.

«Non cercare di primeggiare con le armi
perché primeggiare con le armi chiama risposta.
Colui che agisce distruggerà
Colui che prende perderà
Il Santo, non agendo su nulla, nulla distrugge
Non impadronendosi di nulla, nulla ha da perdere»[10].

Questi versi, tratti dalle stanze XXX e LXIV, accorpate da Anne Cheng, chiariscono molto bene la natura del non-agire del saggio taoista nella visione del *Laozi.*

Riportiamo per completezza la stanza XXX nella sua integrità:

«Colui che assiste (come ministro) un signore degli uomini per mezzo della Via,
non fa violenza all'impero con le armi.
Questo modo d'agire di solito provoca un contraccolpo.
Là dove gli eserciti si accampano crescono spine e cardi.
A grandi guerre seguono anni di carestia.
L'uomo capace è risoluto, ecco tutto.
Non osa essere violento, impadronendosi (dell'impero).
Che sia risoluto, ma non millantatore;
che sia risoluto ma non fanfarone;

[10] *Daode Jing,* XXX e LXIV, in Cheng, Anne, *Storia del pensiero cinese,* vol. I, *op. cit.*, p. 186.

La traduzione di Anne Cheng si ispira, pur corredata delle modifiche ritenute opportune, alla versione di François Huang e Pierre Leyris, *La Voie et sa vertu, Tao-te king,* Seuil, Paris, 1979, ritenuta in linea con l'originale per la concisione del testo e per le qualità poetica e mnemotecnica. Si pensi infatti alla destinazione originaria del testo poetico, che per la sua forma scandita ha suggerito a molti sinologi l'ipotesi che esso dovesse essere cantato e memorizzato, come è probabile data la ripresa ritmica delle formule ivi contenute.

che sia risoluto ma non altero.
Che sia risoluto per necessità. Che sia risoluto senza violenza»[11].

La debolezza delle armi e l'inefficacia della forza sono ribadite anche nella stanza LXXVI:

«Quando nasce, l'uomo è tenero e debole, quando muore è duro e rigido.
I diecimila esseri, piante e alberi, durante la vita sono teneri e fragili;
quando muoiono, sono secchi e appassiti.
Perciò ciò che è duro e rigido (forte) è servo della morte;
ciò che è tenero e debole è servo della vita.
Dunque: se un'arma è troppo rigida (forte) viene distrutta;
se un albero è troppo rigido (forte) si spezza.
Ciò che è duro e rigido è posto in basso;
ciò che è tenero e debole è posto in alto»[12].

È evidente l'inversione degli opposti: la forza vorrebbe stare in alto ma è posta in basso, la debolezza avrebbe in basso la sua posizione ma è posta in alto.

Le combinazioni passive (femminile, vuoto, inferiore, debole, molle, immobile, ecc.) inoltre sono messe in relazione ed esplorate attraverso metafore e associazioni di senso, in una concatenazione di idee, significati e simboli che ha permeato di sé tutto il pensiero cinese.

La valle è associata all'idea di «vuoto» e di «sotto, sottostante», e suggerisce parimenti la polarità femminile del cosmo nella sua «fluidità», nella sua flessibilità e nel «tendere al basso».

Il tendere al basso al contempo suggerisce l'elemento acqua, che scorre e discende per sua natura, fluida e perciò in grado di insinuarsi negli interstizi profondi e negli infimi spazi, e che proprio per la sua fluidità si muove più liberamente della dura pietra, finendo col rompere gli argini, insinuandosi nella minima crepa.

[11] Duyvendak L.J.L. (a cura di), *Tao Tê Ching, op. cit.*, XXX, p. 85.
[12] *Ibidem*, LXXVI, p. 164.

«La bontà suprema è come l'acqua.
La bontà dell'acqua consiste nel fatto che essa reca profitto ai diecimila esseri senza lottare.
Essa resta nel posto (il più basso) che ogni uomo detesta.
Ecco perché è molto vicina alla Via»[13].

L'efficacia dell'acqua contro la durezza è enunciata anche nella stanza XLIII:

«Niente al mondo è più molle e debole dell'acqua;
ma nell'avventarsi contro ciò che è duro e forte, niente può superarla.
Senza sostanza, essa penetra in ciò che non ha interstizi.
La cosa diventa facile per essa grazie a ciò che non esiste.
Così io so che il Non-agire ha il sopravvento.
Insegnare senza parole a trarre profitto dal Non-agire,
pochi nel mondo vi riescono!
Perciò il Santo si attiene alla pratica del Non-agire
e professa un insegnamento senza parole»[14].

Quella della corrente che erode la roccia, dell'acqua più forte della pietra, è uno dei brillanti paradossi del testo, definiti da Radhakrishnan «vera sapienza concentrata in un guscio di noce».

La vera saggezza assomiglia all'ottusità, la vera eloquenza a un balbettio se non al silenzio, l'azione risulta dalla inazione, l'avanzata e la conquista dalla ritirata: per quanto possa a prima vista apparire velato di misteri metafisici, il *Laozi* alla fine dà voce a «una filosofia empirica, che trae le sue verità tanto dai fenomeni naturali quanto dalle esperienze umane»[15]. Il valore del silenzio e la sua efficacia, lo stolto uso della forza e la sua inutilità, il miglior esito dell'azione quanto meno desiderato, forzato e strappato al naturale corso degli eventi, ai suoi tempi di realizzazione: si tratta in fondo di esperienze esistenziali nelle quali ciascuno incorre, più o meno inconsapevolmente.

[13] *Ibidem*, VIII, p. 44.

[14] *Ibidem*, XLIII, p. 109.

[15] Radhakrishnan, Sarpevalli, *Storia della filosofia orientale*, Feltrinelli, Milano, 1978, vol. II, p. 691.

È il suo valore esperienziale la forza e la suggestione del *Laozi*: proprio per questo è un testo che suscita differenti reazioni e alterni giudizi, come quello del Kaltenmark, che lo considera comunque inferiore al *Zhuangzi*, sostenendo che si tratti di un Classico estremamente ricco, ma oscuro e che in nessun caso possa essere definito un trattato di filosofia, in quanto denso di aforismi che propongono spunti di riflessione ma non comportano nessuna dimostrazione[16].

Eppure non mancano coloro ai quali il *Laozi* è apparso come un testo moderno, radicato nelle strutture di significato che caratterizzano, al di là del tempo e dello spazio, la condizione umana, come quella del XXXVIII capitolo, nella quale appare la distinzione tra fiore e nocciolo, metafora della superficie e della sostanza profonda e vitale delle cose: superficie seducente degli allettamenti del potere, della forza, della bellezza, e sostanza spessa, greve, ruvida, nascosta, ma che contiene il principio generativo, la storia e la vita dell'intera pianta, virtualità ed essenza al contempo[17].

> «La Virtù superiore non fa valere la propria virtù; per questo ha virtù.
> La Virtù inferiore non abbandona mai la propria virtù; per questo non ha virtù.
> La Virtù superiore è inattiva e senza alcuna intenzione.
> La Virtù inferiore è attiva e ha delle intenzioni.
> L'umanità superiore è attiva e senza alcuna intenzione.
> La giustizia superiore è attiva e ha delle intenzioni.
> La condotta rituale superiore è attiva e, se non la si segue,
> si rimbocca le maniche e mena le mani.
> Quindi: se si abbandona la Via, allora (si fa valere) la Virtù.
> Se si abbandona la Virtù, allora (si fa valere) l'umanità.
> Se si abbandona l'umanità, allora (si fa valere) la giustizia.
> Se si abbandona la giustizia, allora (si fa valere) la condotta rituale.

[16] Kaltenmark, Max, *La philosopie chinoise*, Presse Universitaire de France, 1987, trad. italiana: *La filosofia cinese*, Xenia, Milano, 1994.

[17] Si veda la Prefazione di Eugenio Borgna alla originale interpretazione di Augusto Vitale del *Tê Tao Ching. Il libro della Virtù della Via*, Moretti e Vitali Editori, Bergamo, 2004, pp. 9-13.

Difatti la condotta rituale è il sottile guscio
della fedeltà e della buona fede, e l'inizio del disordine.
La conoscenza prematura è solo un fiore superficiale
della Via, e l'inizio della stoltezza.
Perciò il grande «adulto» si attiene a ciò che è spesso
e non si ferma a ciò che è sottile;
si attiene al nocciolo e non si ferma al fiore»[18].

Appare chiaro dalla XXXVIII stanza che la Virtù non prescinda dall'azione, per quanto l'inattività appaia come condizione privilegiata di perfetta quiete e riappacificazione con il corso del mondo, ma che l'azione ispirata dalla virtù superiore debba comunque prescindere dalle forzature della intenzionalità. La virtù agìta senza volontarismo è virtù spontanea, essenza pura della natura migliore dell'uomo, umanità. Quando la virtù necessita di essere sollecitata dalle intenzioni, occorre ricorrere alla giustizia. Quando la giustizia ancora non è sufficiente, la virtù necessita delle regole di etichetta e del cerimoniale e si rendono legittime le costrizioni che quelle regole impongono (quel che il testo esprime dicendo che la condotta rituale mena le mani).

Nella chiosa alla III stanza, Augusto Vitale ha descritto così il significato di *wu wei* nel *Laozi*: «Il senso è che il male nell'uomo nasce dal tendere verso qualcosa che lui non è, ma siccome fraintende questa sua situazione, trasferisce sull'avere ciò che gli manca nell'essere. Conquisterebbe la pienezza dell'essere se entrasse, o restasse, nella Via; invece il cuore, sede dei desideri, mette in moto la mente, che crea il non essere nell'essere stesso: un vero buco, un vuoto, quindi disordine, infelicità e la smania di possedere ciò che, nell'immaginazione, colmerebbe quel vuoto. (... Laozi) allora dice che la voglia di fare, mania tipica dell'Occidente, la disposizione cioè dell'essere teso ad andare oltre il proprio essere per mezzo dell'azione e quindi ad alienarsi, va infiacchita, smorzata, mentre solido ha da diventare il dentro, l'osso portante fondamentale del proprio essere»[19].

[18] Duyvendak L.J.L. (a cura di), *Tao Tê Ching, op. cit.*, XXXVIII, p. 99.

[19] La traduzione e il commento di Augusto Vitale sono naturalmente ispirati alla sua formazione junghiana: un interesse così profondo da indurre un intellettuale – non sinologo – del nostro tempo a sottoporsi al gravoso lavoro di analisi testuale, per quanto supportato dal prof. Ho dell'Univer-

Ogni tensione verso qualcosa di esterno al nocciolo essenziale dell'essere ne rappresenta dunque una deviazione: questa smania dell'azione ad ogni costo (e per andar dove?, verso quale meta?, per ottenere quale importante e imprescindibile risultato?), che turba le nostre vite e logora il nostro tempo, è una sorta di patologia dalla quale Laozi sembra metterci in guardia almeno dal III secolo a.C. Ecco dunque perché la suprema Virtù non può uscire fuori da sé per compiere qualcosa d'altro, non agisce con finalità, non si sforza né si programma: in tal caso non sarebbe virtù, come la pietra, della quale peso e gravità non sono qualità esteriori, ma una cosa sola – sostanziale – con la pietra stessa.

> «La Via è grande; il cielo è grande; la terra è grande; il re è grande.
> Quattro cose grandi ci sono al mondo, e il re è una di queste.
> Il re si regola sulla terra, la terra si regola sul cielo,
> il cielo si regola sulla Via, e la Via si regola sul Corso Naturale»[20].

Quel che nella traduzione citata è tradotto con «corso naturale», nell'originale cinese è *ziran*, che è sia «natura» e sia «corso spontaneo», ma anche «tale di per sé».

Quando si scomponga la parola nei due caratteri che la formano, infatti, *zi* significa «se stesso» e *ran* vuol dire «giusto, corretto, tale, così».

La Via si regola su «quel che è tale di per sé»: c'è una intrinseca correttezza nel corso spontaneo della natura che l'azione umana, dall'esterno, lungi dal perfezionare, non può che inficiare e compromettere.

È quel corso spontaneo delle cose che l'uomo è tentato di sfidare e al quale prova a opporsi lottando per conquistare più potere, fama, lode, vantaggio, ma che si regola anche sull' «eterno ritorno» e quindi, se parte dall'alto e va verso il basso, dal basso risale poi verso l'alto, a seguito del rinnovamento causato dal ritorno alla sua radice.

sità di Pavia, in una lingua complessa anche agli occhi e al lavoro di uno specialista, è la testimonianza dello straordinario potere di fascinazione del *Laozi*, della sua capacità di attrarre, al di là delle puntuali trattazioni degli addetti ai lavori, l'uomo della nostra contemporaneità.

[20] Duyvendak L.J.L. (a cura di), *Tao Tê Ching*, *op. cit.*, XXV, p. 74.

Ecco perché è meglio essere in basso: dalla radice non si può che salire, crescere, svilupparsi, come dall'apice non si può che scendere.

«Il ritorno è il movimento della Via.
La debolezza è il metodo della Via.
Il cielo e la terra e i diecimila esseri sono generati dall'Essere;
l'Essere è generato dal Non-essere»[21].

Le inversioni del *Laozi,* seguendo la via dell'eterno ritorno e del perenne divenire, alla fine equiparano le diversità:

«La Via chiara è come oscura.
La Via progressiva è come retrograda.
La Via unita è come ruvida.
La Virtù somma è come una valle.
Il bianco più immacolato è come contaminato.
La Virtù più larga è come insufficiente.
La Virtù più forte è come impotente.
La realtà più solida è come tarlata.
Il più grande quadrato non ha angoli.
Il più grande vaso è l'ultimo a essere finito.
La più grande musica ha il suono più sottile.
La più grande immagine non ha forma.
La Via è nascosta e non ha nomi (di categorie)»[22].

Le inversioni del *Laozi* hanno una corrispondenza nel nostro pensiero contemporaneo: essa si trova nella «decostruzione degli opposti» che furono posti alla base della tradizione logocentrica dell'Occidente. Questa «decostruzione» delle concatenazioni per le quali A (es. chiarezza, biancore, forza) viene preferito a B (oscurità, contaminazione, debolezza) è un progetto filosofico che accomuna tanto il saggio del III secolo a.C., quanto un contemporaneo come Jacques Derrida. Direttore dell'École des Hautes Etudes dal 1984 e comunque a più riprese docente nelle università statunitensi, Derrida è il padre del decostruzionismo d'Occidente, poiché opera una critica serrata delle strutture concettuali (logocentriche) sulle quali poggia la metafisica, nella filosofia di derivazione

[21] *Ibidem,* XL, p. 104.
[22] *Ibidem,* XLI, p. 105.

aristotelica, e si schiera con quanti, nel dibattito filosofico degli ultimi decenni del Novecento, hanno sostenuto la necessità di andare oltre la tradizione occidentale, per uscire dalla cosiddetta «mitologia bianca», quella in cui l'uomo bianco scambia il suo pensiero per la forma universale della razionalità («La mitologie blanche», in *Poétique*, 1971).

Ne *La pharmacie de Platon* (1968) Derrida mette in discussione il logocentrismo fondativo del pensiero occidentale, basato sulla «metafisica della presenza», sulla opposizione «è o non è», che equivale alle ulteriori opposizioni di materia/forma, natura/spirito, corpo/anima, vero/falso, bene/male, essere/divenire, soggetto/oggetto.

Derrida non propone l'abbandono di questa tradizione, ma vuole aggiungervi qualche altra cosa, linfa nuova: la verità potrebbe non essere – esattamente secondo l'intuizione del pensiero cinese – qualcosa che viene enunciato, una definizione, ma qualcosa che avviene, un movimento che accade, un processo, un'esperienza. Ecco perché Derrida sostiene che la filosofia che raggiunga la sua destinazione si distrugge in essa e cessa di essere filosofia: per evitare la morte della filosofia, come *una cartolina postale*, bisogna che questa sia sempre in viaggio e far sì che sempre sia spedita oltre, pena il destino di restare dimenticata e ingiallita, chiusa in un cassetto dei ricordi (*La carte postale*, 1980).

Il nostro pensiero ha inteso aprirsi all'infinito, eppure si è chiuso in se stesso, sulle sue categorie, sui suoi partiti presi teorici, deprivato di vita.

La linfa che il pensiero cinese può apportare all'Occidente è quella di decostruirne questi partiti presi non per distruggerli, disperderli, confliggervi, quanto per rivitalizzarli nel confronto, per spedire oltre questa vecchia cartolina postale: come nei *Dialoghi* di Platone, è «la figura dello straniero» che porta con sé e pone le domande fondamentali, senza le quali non ci resterebbe che rispecchiarci aridamente in noi stessi.

Capitolo 6
Wu wei e Zhuangzi: la virtù della inutilità

Che ne so?

Zhuangzi, maestro (*zi*) Zhuang, di nome Zhuang Zhou, vissuto nel IV secolo a.C., fu tra i suoi contemporanei probabilmente il più geniale maestro dell'anti-razionalismo: rifiutando l'impegno confuciano e l'attivismo moista[1], fu il primo teorizzatore sistematico della filosofia di *wei wu wei* («agire senza agire», ovvero «fare il non fare»), se si accreditano le più recenti tesi filologiche che egli sia precursore di Laozi e interpreti una prima fase del taoismo, laddove Laozi sarebbe invece l'interprete e principale rappresentante di una seconda fase.

Come abbiamo inteso dimostrare, tuttavia, non solo il taoismo ma tutto il pensiero cinese appare profondamente permeato di questa vena, di questo orientamento valoriale che privilegia la spontaneità al concetto, la vita ai partiti presi teorici, l'esperienza alle categorie intellettuali e per il quale l'agire, ben lungi dall'essere dettato dall'attività raziocinante, dovrebbe espletarsi come azione naturale, una sorta di «non agire», ovvero di «essere agiti» dal corso della vita e dal suo naturale dispiegarsi, con la sua energia, con la sua intrinseca potenza, che i cinesi chiamano *dao*, la Via.

Se il *Laozi* si compone di brevi aforismi, caratteri giustapposti e proposizioni fratte, che ci immergono in un mondo immaginifico di simboli, il *Zhuangzi* possiede uno stile molto diverso, prosastico e sovrabbondante quanto l'altro era essenziale, e così straripante da far dire allo storico Sima Qian (145-86 a.C.) che i suoi insegnamenti straboccavano come una inondazione e si diffondevano liberamente, così che nessun sovrano o ministro avrebbe potuto applicarli nella realtà.

[1] Cheng, Anne, *Storia del pensiero cinese*, *op. cit.*, vol. I, p. 99.

Il *dao* di Zhuangzi e di Laozi è il corso spontaneo delle cose, che bisogna lasciar agire senza sovrapporvi l'azione forzata dell'uomo o le parole che vi operano arbitrarie distinzioni: in particolare, in Zhuangzi la critica di ogni intellettualismo si opera attraverso una critica spietata del linguaggio, che coinvolge anche lo studio, eminente valore confuciano, oltre alla tendenza innata dell'uomo a discutere e discettare:

> «Chi studia, studia ciò che non può studiare; chi attua, attua ciò che non può attuare; chi distingue, distingue ciò che non può distinguere. Che la sapienza si arresti a ciò che non può sapere è il culmine»[2].

Il significato primario di «discutere e argomentare» – in lingua cinese *bian* – è quello di «sezione» e di «taglio», ben visibile nel carattere, all'interno del quale le radici semantiche di «lama o coltello» e di «parole o discorso» appaiono intercambiabili, a suggerire la dissezione operata da ogni discorso.

Una delle tematiche dominanti di Zhuangzi diviene così la critica serrata del pensiero analitico, per propugnare di contro una più efficace disposizione olistica della mente, che la pone in ascolto della melodia dell'universo, ove tutto risuona all'unisono e le distinzioni operate dall'intelletto dell'uomo non sono che la limitata prospettiva del suo sguardo.

Discriminando tra questo e quello e accettando quanto è in accordo con l'idea individuale di questo o di quello, il pensiero analitico – nell'analisi di Zhuangzi – in realtà, lungi dal rivelare qualsivoglia criterio di verità, illumina solo la sfera personale e le individuali dissezioni della realtà operate dal pensatore.

> «Dire non è emettere fiato, ma dire qualcosa. L'unico problema è che quanto viene detto non è mai stabilito (certo in maniera inequivocabile). Diciamo realmente qualcosa? O non abbiamo mai detto alcunché? Se pensiamo che sia diverso dal pigolio di un uccellino implume, esiste una prova a sostegno dell'argomentazione? O non esiste forse alcuna prova? È forse il fatto che dovrebbero esistere un vero e un falso ad oscurare la Via? È forse il fatto che

[2] Tomassini, Fausto (a cura di), *Chuang-tzu*, Tea, Milano, 1989, cap. XXIII, 172, p. 189.

in certi casi "ciò è questo" e in altri "non lo è" a rendere il dire oscuro? Ovunque ci dirigiamo, come può la Via essere assente? [...].
Confuciani e moisti parlano di "essere questo" e "non esserlo", ma ciò che è in un modo per gli uni non lo è per gli altri, e viceversa. Se desideri affermare ciò che essi negano e negare ciò che essi affermano, il mezzo migliore è l'illuminazione (*chiarire l'organicità dei contrari*)»[3].

E a proposito della presunzione della conoscenza, in un dialogo del *Zhuangzi* un saggio viene incalzato dal suo interlocutore, che vorrebbe fargli ammettere che c'è pure qualcosa che egli presuma di sapere inequivocabilmente:

«Ye Ch'üeh interrogò Wang I dicendo: "Sai che cosa le creature affermano unanimemente?"
"Che ne so?" rispose l'altro.
"Tu sai ciò che non sai?"
"Come lo saprei?" replicò Yeh Ch'üeh.
"Ma allora le creature non hanno conoscenza?"
"Che ne so? Comunque, tenterò di parlartene. Come so che ciò che io chiamo conoscere non sia invece non conoscere? Come so che ciò che io chiamo non conoscere non sia invece conoscere? Proverò a farti qualche domanda. Se l'uomo dorme nel bagnato si prende il mal di reni e resta morto paralizzato: è così anche per l'anguilla? Se si trova su un albero, vi sta tremante e titubante: è così anche per la scimmia? Chi di questi tre conosce la giusta dimora? [...]. A mio modo di vedere, i pretesti della carità e della giustizia e le strade dell'affermazione e della negazione sono confusamente mescolate e imbrogliate. Come posso conoscerne la classificazione?"»[4].

[3] *Zhuangzi*, cap. II, 2, trad. in Graham, Angus C., *La ricerca del Tao, op. cit.*, p. 242.
Abbiamo preferito questa versione di Graham, nella traduzione in lingua italiana, dall'originale inglese, del sinologo Riccardo Fracasso, che ci pare più illuminante – rispetto al rovesciamento operato da Zhuangzi del principio aristotelico di non-contraddizione – di quella operata direttamente dalla lingua cinese, ma più oscura, di Fausto Tomassini (*op. cit.*, II, 2, pp. 12-13).

[4] Tomassini, Fausto (a cura di), *Chuang-tzu, op. cit.*, II, 15, pp. 18-19.

Dal punto di vista del taoismo, l'essenza del *dao* è che il «questo» e il «quello» non risultano più contrari. Il secondo capitolo del *Zhuangzi*, il *Qi wu lun* («Sulla identità delle cose») teorizza con chiara evidenza una posizione anti-razionalista e antitetica rispetto al *principio di non contraddizione* della nostra tradizione aristotelica, il quale vorrebbe garantire che nessuna proprietà sia collegata contemporaneamente con quella proprietà e con la sua negazione.

Dal punto di vista dell'anti-razionalismo taoista invece «il questo e il quello, nel loro contrasto di giusto e sbagliato, sono punti opposti di una ruota che gira senza posa; l'uomo che vede le cose dalla prospettiva del *dao* sta al centro della ruota, comprende il movimento dei vari punti della ruota senza prendervi parte. Non vi prende parte non perché sia inattivo o rassegnato, ma perché ha trasceso il finito e vede le cose da un punto di vista più alto»[5].

Nel *Qi wu lun*, Zhuangzi va sostenendo anche che « operare delle distinzioni » significa costruire, ma laddove c'è costruzione c'è anche distruzione, e apporta un esempio: quello del tavolo di legno, la cui forma prende vita dalla distruzione del legno. Costruzione e distruzione sono tali solo da un punto di vista limitato, ma dal punto di vista del *dao* tutte le distinzioni appaiono relative.

Lo sforzo umano di analizzare e produrre distinzioni e infine di elaborare idee chiare e distinte, il grande mito del nostro razionalismo, si rivelerebbe allora una suprema illusione, una inane tensione che priva la vita delle sue potenzialità di espressione e perfino della sua possibilità di felicità.

Che il cuore sia uno specchio

Zhuangzi è antitetico non solo al pensiero occidentale, nella sua vasta opera di derisione della logica, ma trova illustri oppositori anche in seno al pensiero cinese. Per esempio, nel *Canone* di

[5] Fung Yulan, *Storia della filosofia cinese*, *op. cit.*, p. 91. La traduzione di questo passo del II capitolo, come appare nella Storia della filosofia del Fung Yulan, rende ragione dell'antirazionalismo di Zhuangzi meglio della traduzione originale in lingua italiana di Tomassini (*op. cit.*), dove lo stesso passo può essere letto (II, 2) a p. 13 del testo.

Mozi è detto che «considerare ogni detto incongruente con se stesso è incongruente con se stesso» (B71)[6]; inoltre i moisti rispondono alla filosofia di Zhuangzi sostenendo che disputare significa in senso stretto limitarsi a dire che cosa sia un bue e che cosa non lo sia, proposizioni nelle quali una delle due alternative deve per forza quadrare con la realtà, in quanto verità e falsità di una proposizione dipendono dalla loro congruenza con la realtà.

Per Zhuangzi, tuttavia, la realtà, lungi dal dover essere congruente, è relativa nel suo manifestarsi e tale da contenere tutte le incongruenze: la comune distinzione delle cose è trascesa da quel *dao* che riduce in sé tutti i contrari. L'identificazione dell'uomo con l'universo, che lo porta a percorrere questa Via, è somma felicità. Questa possibilità, che l'uomo ha di essere felice, è descritta nel I capitolo del *Zhuangzi*, il *Cammino felice*, nel quale egli parla di Liezi: «Supponiamo che esista un uomo che guida il suo cocchio sull'ordine dell'universo, cavalca sulla trasformazione dei sei elementi e scorazza così per l'infinito, da che egli dipende? Per questo si dice che l'uomo perfetto non ha sé, l'uomo spirituale non compie opere, il vero saggio non ha nome». Il saggio di Zhuangzi trascende la distinzione tra sé e il mondo e così è perfettamente felice. Come il *dao* non fa nulla, eppure non v'è nulla che non sia fatto, così il saggio non compie opere: può governare il mondo ma il suo governo consiste nel lasciare che gli uomini esprimano liberamente le proprie naturali potenzialità[7].

Un altro tema amato dal *Zhuangzi* è la contemplazione lirica della morte, prima fonte d'infelicità umana, salvo che per il saggio che trascenda la distinzione tra gli stati di natura. Nell'opera è raccontato l'episodio della morte di Laozi, nel quale l'amico Qin Shi rimprovera ai presenti di lasciarsi andare in alti lamenti e sospiri:

[6] Il *Canone* moista è tradotto in Graham, A.C., *Later Mohist Logic, Ethics and Science*, Chinese University Press – School of Oriental and African Studies, Hong Kong-Londra, 1982, p. 445.

[7] Fung Yulan, *op. cit.*, p. 89. Si è riportata la versione di Fung Yulan del cap. II, paragrafo 3, del *Zhuangzi* (p. 5, nella versione di Tomassini, che intitola questo capitolo *Vagabondaggio a piacere*). Preferiamo la traduzione di *Il cammino felice*, che rende meglio l'idea di una strada possibile per raggiungere la felicità, idea ben presente nell'opera del nostro pensatore.

«Comportarsi in tal modo è violare il principio della natura e accrescere l'emozione; è dimenticare quanto abbiamo ricevuto [dalla natura]. Quando il maestro giunse fu perché ebbe occasione di nascere, quando se ne andò non fece che seguire il corso naturale. Coloro che restano tranquilli in tali circostanze e seguono il corso naturale non possono essere turbati da dolore e da gioia. Gli antichi li consideravano uomini degli dèi, sciolti da catene»[8].

La critica delle emozioni operata dal *Zhuangzi* si collega all'idea che il pensatore ha del «cuore»:

«L'uomo sommo usa il cuore a mo' di specchio: non favorisce e non avversa, riflette e non ritiene. Perciò può eccellere sulle creature senza averne danno»[9].

Il saggio non pianifica, ma usa il cuore solo per riflettere specularmente l'immagine perfetta della realtà prima di reagirvi: la sua azione è puro riflesso, reazione spontanea.

In più, lo specchio del suo cuore riflette solo il presente, evitando di portare il gravoso peso della memoria delle esperienze passate, che fossilizzerebbero i comportamenti in quell'alveo, impedendogli di seguire l'immanenza del processo.

«Yin del valico diceva: Non metterti in una posizione stabile, le forme e le creature si manifesteranno. Nel moto sii come l'acqua, nella quiete come lo specchio, nel rispondere come l'eco. Sii inconsapevole come se fossi smemorato, silente come se fossi immoto»[10].

Il *Zhuangzi* parla spesso di smemoratezza, come il luogo della dimenticanza delle distinzioni: esiste infatti una fondamentale differenza nella filosofia taoista tra «non avere conoscenza», che è uno stato di genuina ignoranza quale potrebbe essere quello del buon selvaggio, e «avere nessuna conoscenza», che significa passare attraverso la conoscenza per farsene poi dimentichi, come criterio di somma libertà. La prima è una condizione di natura, la seconda è una condizione dello spirito. Per esempio, nel VI capito-

[8] Tradotto in Fung Yulan, *op. cit.*, p. 88 (III, 22).

[9] Tomassini , Fausto (a cura di), *Chuang-tzu, op. cit.*, VII, 54, p. 62.

[10] *Ibidem*, XXXIII, 251, p. 281.

lo, Zhuangzi si diverte a scardinare uno a uno i valori confuciani, mettendo le sue stesse parole in bocca a Confucio:

> «Yen Hui disse: "Hui (io) ha progredito".
> "Che intendi dire?" domandò Confucio.
> "Ho dimenticato la carità e la giustizia" rispose l'altro.
> "Va bene" disse Confucio "ma non è ancora abbastanza".
> Un altro giorno andò di nuovo da lui e disse: "Hui ha progredito".
> "Che intendi dire?" chiese Confucio.
> "Ho dimenticato i riti e la musica".
> "Va bene, ma non è ancora abbastanza".
> Un altro giorno andò ancora da lui e disse: "Hui ha progredito".
> "Che intendi dire?"
> "Siedo e dimentico. Lascio inerte il corpo e bandisco l'intelletto. Abbandonando la forma e respingendo la conoscenza, faccio parte del gran Tutto. Questo intendo per sedere e dimenticare"»[11].

Bandire l'intelletto significa dunque non tanto non avere intelletto quanto non utilizzarlo, farlo inutile: rispetto all'utilitarismo di Mozi, il valore della inutilità è il fulcro centrale della filosofia di Zhuangzi. Qual è d'altronde l'utilità della filosofia? Da un punto di vista pratico, essa è completamente inutile, eppure non è anch'essa una delle eminenti rappresentazioni della «utilità dell'inutile», se apre una nuova prospettiva del pensiero e mantiene vivo e vitale il nostro spirito, come *la cartolina postale* lanciata in un viaggio infinito?

> «La montagna provoca il suo saccheggio con gli alberi, il grasso da sé frigge sul fuoco. L'albero della cannella è commestibile e pertanto viene abbattuto, l'albero della vernice è utile e pertanto viene inciso. Tutti gli uomini riconoscono l'utilità dell'utilità, ma non riconoscono l'utilità dell'inutilità»[12].

A esemplificare la virtù della inutilità, al paragrafo 26 del cap. IV, Zhuangzi mostra il destino della quercia sacra, così grande da nascondere un bue e misurare cento braccia, così alta da sovrastare di dieci canne la montagna prima di protendere i rami. Per quanto al suo apprendista quella quercia sembri bellissima, il fale-

[11] *Ibidem*, VI, 47, pp. 56-57.
[12] *Ibidem*, IV, 31, p. 37.

gname Bo non la degna di uno sguardo. «*Perché?*» gli chiede l'apprendista, e l'altro risponde:

> «È un albero inutile. Se ne facessi una barca andrebbe a fondo, se ne facessi una bara marcirebbe subito, se ne facessi uno strumento si romperebbe immediatamente, se ne facessi una porta trasuderebbe resina, se ne facessi un pilastro si tarlerebbe. Non è un albero da legname, non è utilizzabile in alcun modo. Per questo ha potuto vivere così a lungo».

Tornato a casa, all'artigiano appare in sogno la quercia:

> «A che intendevi paragonarmi? Intendevi paragonarmi agli alberi utili? Il lazzeruolo, il pero, l'arancio, il pompelmo e le altre specie di piante fruttifere, quando i loro frutti sono maturi, vengono spogliati e maltrattati: i grandi rami vengono spezzati e i piccoli perdono la linfa. Perciò non giungono alla fine degli anni loro concessi dal Cielo [...]. Se io fossi stato utile a qualcosa, sarei mai arrivato a questa grandezza? Tanto tu che io siamo delle creature: come fai a giudicare una creatura? Che ne sai di un albero inutile tu, uomo inutile prossimo alla morte?»[13].

Come l'inutilità può essere più utile dell'utilità, così Zhuangzi suggerisce che la natura delle cose è differente, le abilità naturali non sono le stesse e dunque parificare tutto e tutti senza tener conto delle predisposizioni naturali è come voler giudicare l'inutile con il criterio dell'utile.

Nel I capitolo della sua opera, l'*incipit* del testo è rappresentato dalla parabola della quaglia che compara il proprio volo felice con quello del mitico uccello Pêng:

> «C'è un uccello, chiamato Pêng, il cui dorso è simile al Taishan e le ali sembrano nubi sospese nel cielo. Volteggiando a spirale nell'uragano si alza per novantamila li, dirompe vapori e nubi e, quando ha sopra di sé l'azzurro cielo, si volge a meridione e si dirige verso l'oceano meridionale. Una quaglia ne rise dicendo: "Dove va quello? Quando io mi alzo per un voletto non vado oltre qualche passo di distanza e subito discendo a svolazzare tra le erbe: questo è il massimo del volo. Dove va quello?"»[14].

[13] *Ibidem*, IV, 26, pp. 33-34.
[14] *Ibidem*, I, 2, p. 5.

Non c'è dunque uniformità in natura e tentare di equiparare le differenze è la strada sicura verso l'infelicità, così come ciò che è interno è di natura, ciò che è esterno è artificio dell'uomo. Che i buoi e i cavalli siano quadrupedi è un dato di natura, che il cavallo abbia la cavezza e il bue la cordicella alle narici sono artificio dell'uomo: la prima è una condizione felice, l'altra infelice.

È il *te*, la nostra naturale abilità, la nostra disposizione naturale, la nostra potenzialità spontanea, che ci fa ciò che siamo: sviluppare *te* ci rende felici; imporre al *te* una forzatura artificiosa, infelici.

> «Che intendi per Cielo? E che intendi per uomo?
> Il bue e il cavallo hanno quattro zampe: questo lo chiamo Cielo.
> Far abbassare la testa al cavallo e forare il naso al bue: questo lo chiamo uomo.
> Perciò è detto: "Non annullare il Cielo per l'uomo, non annullare il decreto celeste per i tuoi disegni, non sacrificare la genuinità per aggiungere".
> Osserva accuratamente questi precetti e non mancarvi: questo si chiama tornare alla genuinità»[15].

Confucio aveva sostenuto «la spontaneità della virtù»: l'agire umano dovrebbe cioè partire da una inclinazione spontanea, essere guidato nel suo percorso dalla saggezza e ritornare quindi alla perfetta spontaneità della virtù; per Zhuangzi, invece, «spontaneità» è il puro e semplice rispecchiare le cose come sono, attitudine nella quale – a differenza di quanto avviene nella esaltazione emozionale e soggettiva del romanticismo occidentale – non v'è posto per le emozioni, pura soggettività che piega il reale.

Il cuore del saggio non conosce agitazione, ma possiede la lucentezza dello specchio, la cui natura è di riflettere le immagini senza operarvi alcuna valutazione: la sua reazione naturale sarà così perfettamente adeguata alla scopo cui tende e quindi realmente efficace, perché non indirizzata dalle mire dell'uomo o dalla sua volontà.

> «La Via del Cielo è di muoversi senza interferire in nulla, così che le creature si perfezionano. [...]. La quiete del santo non è quiete: egli è quieto perché approva, è quieto perché le diecimila creature

[15] *Ibidem*, XVII, 108, p. 132.

non possono turbare il suo cuore. Quando l'acqua è cheta la sua limpidezza riflette i peli della barba e delle ciglia, dalla sua levigatezza trae norma il grande artigiano.
Se l'acqua è così limpida quando è cheta, quanto più lo spirito! La quiete del cuore del santo è il riflesso del Cielo e della Terra, lo specchio delle diecimila creature.
La vacua quiete, la placida calma, la silenziosa indifferenza, l'inazione, rappresentano la levigatezza del Cielo e della Terra e il culmine della virtù del Tao. Perciò imperatori, sovrani e uomini santi se ne stavano inerti. Stando inerti erano vuoti, essendo vuoti erano schietti: la schiettezza è la legge naturale. Essendo vuoti erano quieti, essendo quieti influenzavano, influenzando ottenevano»[16].

La vita è un sogno

La «ragione analitica» non può rendere sufficiente «ragione» del mondo: ciò che si dispiega di fronte a una ragione che inevitabilmente tenta di «categorizzare» è al di là delle categorie. Il saggio riguarda a quel mondo come un dato di fatto e non si preoccupa che esso sia un sogno o non lo sia, né permette alle passioni di offuscare lo specchio delle percezioni.

«Una volta Chuang Chou sognò d'essere una farfalla: era una farfalla perfettamente felice, che si dilettava di seguire il proprio capriccio. Non sapeva d'essere Chou. Improvvisamente si destò e allora fu Chou, gravato dalla forma. Non sapeva se era Chou che aveva sognato di essere una farfalla o una farfalla che sognava di essere Chou.
Eppure tra Chou e una farfalla c'è necessariamente una distinzione: così è la trasformazione degli esseri»[17].

La distinzione tra veglia e sogno che Zhuangzi si rifiuta di operare, con la sua parabola della farfalla, non corrisponde alla dicotomia della nostra filosofia tra realtà e apparenza: se la realtà – nel pensiero occidentale – nasconde dietro il velo delle apparenze una realtà più vera, nel pensiero cinese non c'è alcun velo e nessun ulteriore significato dietro il significante.

[16] *Ibidem*, XIII, 88, p. 100.
[17] *Ibidem*, I, 18, p. 22.

Porre alternative non dà la conoscenza e dunque si perdono, in questa impossibilità, i significati netti e divisori dell'affermazione e della negazione, non essendoci più sogno né veglia, non essendoci più «sì» né «no».

È difficile, anche per un pensatore del paradosso come Zhuangzi, estromettere la distinzione tra le categorie finali di Uomo e di Cielo, ma egli ci prova.

> «Parlando a Chuang-tzu, Hui-tzu disse: "È un uomo e tuttavia non ha passioni?"
> "Sì" rispose Chuang-tzu.
> "Un uomo che non ha passioni come lo chiami uomo?" obiettò Hui-tzu.
> "Il Tao gliene ha dato l'aspetto, il Cielo gliene ha dato la forma. Come potrei non chiamarlo uomo?"
> "Poiché lo chiami uomo" insisté Hui-tzu "come può non avere passioni?"
> "Ciò che chiamo passioni sono l'affermazione e la negazione" disse Chuang-tzu. "Ciò che intendo per non avere passioni è che l'uomo non nuoccia internamente alla sua persona con l'amore e l'odio e che segua la spontaneità senza voler prolungare la vita"»[18].

Eliminare nell'uomo le propensioni e le avversioni è la grande utopia del *Zhuangzi*, il magnifico paradosso attraverso il quale l'uomo, adeguandosi costantemente alla spontaneità, senza aggiungere nulla al processo vitale, può essere Uno con il Cielo.

Egli è tentato sempre di escogitare una soluzione migliore, rispetto a quella cui il Cielo lo ha destinato, ma potrebbe esserci una soluzione migliore di quella del Cielo?

Questa fede anti-razionalista in una sorta di divina provvidenza, che è necessità della perfezione del mondo così come è, al di là dell'umano scontento, dell'umano domandarsi e arrovellarsi alla ricerca di un senso, fa di Zhuangzi l'autore mistico per eccellenza nel pantheon straordinario del pensiero cinese.

Tuttavia, la sospensione delle divisioni, dell'affermazione e della negazione, e la contemplazione della pura realtà, spontanea e necessaria, non è un ritirarsi all'interno di esplorazioni interiori; anzi – come sottolinea Graham – l'atteggiamento di Zhuangzi nei

[18] *Ibidem*, V, 37, p. 44.

confronti del mondo è irriducibilmente estroverso: il saggio non si fonde con le cose, ma se ne distacca.

«Dal momento che la Cina antica non ha mai contemplato la dicotomia mente/corpo, egli non sta ovviamente guardando alla materia da un reame di puro spirito. Distaccandosi dal molteplice, egli sta ritornando alla radice (o ramo, o tronco) da cui esso prolifera, sta tornando all'inizio della germinazione, spingendosi fino all'antenato da cui discende, alla porta da cui emerge, e all'asse attorno a cui ruota»[19].

Colta la coerenza tra ogni sé e la radice del mondo, colta la congruenza dei due versanti della montagna, ancorché in luce o in ombra, con il loro unico corpo materiale, colti persino sogno e veglia come uniformi ed organici, la parola non conta più, cessa di essere importante, perché continuamente oltrepassata dalla potenza del senso, come la conoscenza lo è dalla forza dell'esperienza e dal reale, anche nel suo manifestarsi più infimo e quotidiano.

> «La ragion d'essere della nassa è il pesce; una volta preso il pesce, si dimentica la nassa.
> La ragion d'essere della trappola è la lepre; una volta presa la lepre, si dimentica la trappola.
> La ragion d'essere delle parole è il senso; una volta afferrato il senso, si dimenticano le parole.
> Dove troverò l'uomo che sappia dimenticare le parole, per dialogare con lui?».
> (*Zhuangzi*, cap. XXVI)

[19] Graham, Angus C., *La ricerca del Tao, op. cit.*, p. 271.

Capitolo 7
Wu wei e gli stratagemmi militari: vincere senza combattere

Una lotta senza lotta

Il più antico trattato cinese di arte militare è il *Sunzi Bingfa*, «L'arte della guerra di Sunzi». Come per gli altri pensatori cinesi, il suffisso *zi*, posposto al nome (Sun), indica l'appellativo di «maestro»: è perciò che quest'opera può essere tradotta anche come «L'arte della guerra del maestro Sun». È infatti attribuita a Sun Wu, stratega del periodo delle Primavere e Autunni (722-481 a.C.), epoca di grandi sconvolgimenti e conflitti per il territorio cinese, precedente alla unificazione operata dal primo imperatore Qin Shihuangdi, nel 221 a.C..

Il fulcro del pensiero strategico di Sunzi sta nel considerare quale miglior stratega quello capace di sconfiggere il nemico ancor prima di impegnarlo nel combattimento, abile a vincere senza combattere. Quando la lotta è inevitabile, tuttavia, il combattente deve dar prova di velocità: la strategia vincente è fulminea, perché non logora la resistenza degli uomini e non consuma le risorse delle nazioni.

L'opera, suddivisa in XIII capitoli, si ispira profondamente alla filosofia taoista e concepisce la strategia come la perfetta modalità di risoluzione del conflitto, che è il *dao* (tao) dello stratega.

Se a esso si aggiungono le condizioni del tempo, le caratteristiche del terreno, le qualità del comandante e la tattica quale imprescindibile modello di riferimento, si hanno i «cinque elementi» (*wu shi*) che determinano gli esiti del combattimento.

Il trattato, benché poco presente nelle storie della filosofia cinese come in quelle della letteratura, perché giudicato opera di rilevanza minore e dal punto di vista estetico e sotto il profilo della storia del pensiero, ha un fine fondamento psicologico e guida verso l'azione combattente entro un modello affine alla pratica di *wu wei*, riconoscendo al comandante la migliore abilità nell'evitare la battaglia e il suo legittimo ruolo esclusivamente nella difesa degli uomini e delle risorse della nazione, quando ci sia un attacco nemico.

Non agire o «agire senza conflitto» è anche in questo caso – e paradossalmente in un trattato di strategia militare – l'ispirazione, l'evocazione, il grande sogno del pensiero cinese.

Il raffinato controllo psicologico – di sé come del nemico – è il prezioso alleato dello stratega in questa lotta-senza lotta: utilizzando un termine di derivazione taoista, il *Sunzi Bingfa* dice che «il primo passo è mostrarsi senza forma» (*wu xing*), che è la stessa configurazione del *dao*. Inducendo il nemico a credere che egli non possegga cioè alcuna configurazione strategica, il comandante ne confonde le idee e lascia a sé la libertà di conformarsi alle mosse di quello, al quale preferisce lasciare l'iniziativa e con questa l'eventualità di commettere degli errori, dai quali egli trarrà partito.

Quando, al contrario, è il nemico a mostrarsi privo di configurazione, lo stratega è costretto a essere all'erta e vigile su tutti i fronti; tuttavia egli sa che essere impegnati in ogni direzione vuol dire non essere protetti in nessuna di esse con vera efficacia, e correre il rischio di disperdere preziose energie.

Lo stratega cinese non pensa all'azione quanto al risparmio dello sforzo e all'efficacia: un punto di debolezza può trasformarsi in un vantaggio, un punto di forza rovesciarsi in vulnerabilità, se solo si guardano le cose da un'altra prospettiva e si assume coscienza della natura eternamente mutevole delle cose e della continua inversione degli opposti.

Guardare con lucida consapevolezza all'alternarsi dello *yin* e dello *yang*, al loro mai presentarsi in natura quali principi puri, ma sempre mobili e complementari, significa affrontare le lotte della quotidianità consapevoli che il rovescio di una sconfitta riserva una vittoria, mentre un giorno di gloria non resisterà alla polvere del tempo.

Nel primo capitolo Sunzi dice:

> «Il primo dei cinque elementi è la via (dao), il secondo il cielo (tian), il terzo la terra (di), il quarto è il comandante (jiang), il quinto la tecnica (fa)»[1].

[1] Sunzi, Sun Tzu. *The Art of War*, Zhijiao Chubanshe, Hong Kong, 1973

Il primo degli elementi strategici del combattimento è quindi il *dao*: abbiamo detto che esso indica la modalità esecutiva, il corretto comportamento. La versione inglese dell'edizione bilingue di Hong Kong (v. nota 1) lo traduce, in questo caso non impropriamente, «legge morale», suggerendo la rilevanza della tradizione morale nell'azione corretta del combattente. Lo spirito delle arti marziali in Estremo Oriente si iscrive tutto in queste fondamenta morali e rituali.

Il secondo elemento è il cielo, che include e sovrasta gli agenti atmosferici e le condizioni climatiche, modello regolatore dell'azione umana che si armonizza con l'equilibrio costantemente mutevole di *yin* e *yang*, freddo e caldo, come delle variazioni stagionali.

Il terzo elemento è la terra, o le condizioni del terreno, di volta in volta lontano o vicino, rischioso o agevole, ampio o angusto, sterile o vitale.

> «In una configurazione angusta di terreno, dobbiamo essere i primi a prendere posizione, riempiendolo tutto, in modo da attendervi il nemico. Se è invece il nemico a occuparlo per primo, o lo riempie tutto, e in questo caso non va inseguito; o non lo riempie tutto, e in questo caso va inseguito.
> In una configurazione di terreno pericoloso, dobbiamo essere i primi a prendere posizione, occupando le alture e i luoghi luminosi (yang), in modo da attendervi il nemico. Se è invece il nemico a occuparli per primo, attirandoci (in trappola) e facendoci credere che se ne sta andando, non dobbiamo inseguirlo»[2].

Nel caso di una configurazione angusta, si noti come appaia importante il principio taoista della funzionalità del vuoto e, in questo contesto particolare, della sua occupazione strategica.

Nel caso di una configurazione di terreno pericoloso, emerge chiaramente come nel pericolo il principio di *wu wei* (non azione) sia altamente efficiente: occupare i vuoti, stare e attendere, non inseguire sono i suggerimenti strategici.

Il quarto elemento strategico è quindi il comandante, con le

(ed. bilingue, cinese-inglese), I-3 (cap. I, terza stanza).

[2] Sun-tzu, *L'arte della guerra*, trad. a cura di Leonardo Vittorio Arena, Rizzoli (BUR), Milano, 1997, cap. X, pp. 79-80.

sue qualità di intelligenza, sincerità, solidarietà, audacia e severità. Egli è mosso dalle virtù confuciane di sensibilità e di giustizia.

Il condottiero ideale fa avanzare l'esercito senza essere ispirato dalla brama di gloria, egli non aspira a una vittoria di conquista per acquisire fama personale ma sa ordinare la ritirata, senza timore che l'infamia possa infangarne il nome: sa valutare quale sia la migliore scelta per la nazione e il benessere del suo popolo, è audace nella tempestività delle decisioni, severo nella loro ponderatezza, intelligente nel guidare senza impartire troppi ordini e fornire troppe indicazioni, perché sa che il comportamento dei soldati, nell'impatto con il nemico, è tanto più efficace quanto più è spontaneo. L'uomo che combatte ottiene migliori risultati dalla spontaneità della sua azione, dalla naturalezza delle intenzioni e basandosi sulla efficacia del proprio istinto di sopravvivenza.

Quando si vuole ottenere qualcosa a ogni costo e con modalità imposte dalla ragione, spesso non la si raggiungerà; quando invece l'azione è libera di fluire secondo le leggi spontanee di natura, essa si rivolgerà nella direzione dettatale dal *dao* e dal cielo e porterà a compimento il suo destino.

Un comportamento spontaneo è efficace, un comportamento forzato e innaturale privo di risultati.

> «I soldati sono portati a difendersi per natura, senza bisogno di addestramento; ottengono risultati, senza perseguirli; si sentono uniti, senza un vincolo (particolare); e combattono efficacemente, senza bisogno di ricevere ordini»[3].

Il quinto e ultimo elemento strategico è la tecnica (l'arte o tattica, ovvero *fa*): essa dovrà essere flessibile, mutevole, imperscrutabile. È un grave errore fissare un modello preordinato e non saperlo modificare, quando la mutevolezza delle condizioni della realtà lo richieda, così come elaborare un'idea e non sapersene distaccare.

Alla tattica, tuttavia, la flessibilità non è sufficiente, se non è corredata di ordinamento gerarchico e controllo applicativo. Impostare una tattica secondo un modello gerarchico significa che ciascuno sarà chiamato a fare il proprio dovere secondo il proprio

[3] *Ibidem*, cap. XI, p. 88.

ruolo, nel rispetto dell'ordine gerarchico delle funzioni che gli competono.

Un conto poi è la conoscenza – ammonisce il *Sunzi Bingfa* – un altro la sua applicazione pratica, che è ciò a cui si riferisce quando conia le espressioni di «controllo o padronanza applicativa».

Il buon esito non può prescindere da un equilibrio perfetto tra *zhi* (sapere, conoscere) e *wei* (fare), che nel pensiero cinese, etico e pragmatico, si traduce in un «sapere come fare» e quindi in «saper fare».

> «La capacità di vincere dipende da noi; la possibilità di vincere, dal nemico.
> Così gli esperti dell'arte della guerra sono in grado di controllare la capacità di vincere, ma non di determinare con certezza la possibilità di vincere il nemico. [...].
> Si può essere a conoscenza del modo in cui vincere, senza riuscire a metterlo in pratica.
> Trionfare nel combattimento, cosicché in tutto il mondo si dica: perfetto!, non è la perfezione assoluta.
> Infatti, sollevare una foglia autunnale non richiede ingenti forze; osservare il sole e la luna non richiede una vista acuta; udire il fragore di un tuono non richiede un orecchio finissimo.
> Coloro che nell'antichità venivano definiti esperti [nell'arte] del combattere vincevano facilmente il nemico.
> Infatti, gli esperti [nell'arte] del combattere risultano vincitori, senza [bisogno di possedere] una [particolare] intelligenza e reputazione, né una [particolare] audacia o incisività.
> Così, trionfano perché non commettono errori»[4].

Il comandante prefigurato da Sunzi cerca di non agire e lascia l'iniziativa all'avversario, ma quando non è possibile evitare il conflitto agisce nel più breve tempo possibile per non logorare la resistenza delle guarnigioni. La battaglia migliore è quella che non sia neppure iniziata, ma quando la battaglia è iniziata la strategia consiste nel far fallire i piani e gli stratagemmi del nemico (*mou*), quindi le sue alleanze e infine i suoi modelli strategici (*bing*), solo alla fine si attaccheranno direttamente le roccaforti nemiche.

Non agendo, si lascia la mossa al nemico, a lui si lasciano i rischi e gli errori.

[4] *Ibidem*, cap. IV, pp. 39-40.

Se si agisce, l'importante non è vincere, ma non commettere errori.

Infine, sconfiggere il nemico non vuol dire distruggerlo, ma spingerlo a lavorare nella direzione dei nostri scopi, renderlo funzionale ai nostri bisogni.

> «Chi uccide il nemico prova rancore. Chi invece lo prende prigioniero, trae vantaggio dalle risorse dell'avversario. [...].
> Tratta bene i soldati prigionieri, e nutrili.
> Ciò viene definito "incrementare le proprie forze, vincendo il nemico". [...].
> I comandanti che conoscono la strategia presiedono le sorti del popolo, padroneggiando la quiete»[5].

Quando si è giunti al punto di dover attaccare le roccheforti nemiche, ancora c'è bisogno di *wu wei*, che in questo caso significa «non agire d'impeto» o spinti dall'ira, ma sottomettere le proprie passioni e stare in equilibrio, senza trascinare nel conflitto anche il proprio cuore.

Così Sunzi inscrive pienamente nell'alveo taoista e nella categoria dell'azione-senza-azione (*wei wu wei*) la sua «arte della guerra».

> «Chi in cento battaglie riporta cento vittorie, non è il più abile in assoluto; al contrario, chi non dà nemmeno battaglia, e sottomette le truppe dell'avversario, è il più abile in assoluto»[6].

Il primo nemico da vincere siamo noi stessi

I due poli della relazione, come del conflitto, sono se stessi e gli altri e lo stratega ha con questi due termini tre possibilità di interazione: 1) conoscerli entrambi, che è la via della vittoria; 2) conoscere se stessi ma non gli altri, che è la via alterna della vittoria e della sconfitta; 3) non conoscere se stessi e non conoscere gli altri, che è la via della sconfitta.

Ne deriva che la consapevolezza psicologica di sé e dell'altro è la prima condizione per vincere ogni battaglia.

[5] *Ibidem*, cap. II, p. 28.
[6] *Ibidem*, cap. III, p. 33.

Conoscere l'altro tuttavia non significa conoscere solo il nemico, ma anche i propri soldati e le gerarchie militari: è completamente inutile disporre di ingenti risorse umane se non si sa come utilizzarle, il buon comandante conosce prima di tutto se stesso e i propri uomini, ne conosce i compiti, i ruoli, le competenze, l'ordine gerarchico, dosa le proprie forze e quelle dell'esercito.

«C'è un detto: conoscere l'altro e se stessi, ciò vuol dire cento battaglie senza rischi; non conoscere l'altro ma conoscere se stessi, ciò vuol dire a volte vittoria e a volte sconfitta; non conoscere l'altro e neppure se stessi, ciò vuol dire che ogni battaglia è a rischio sicuro di sconfitta»[7].

Il primo avversario da vincere non siamo che noi stessi. Una volta che si sia sviluppata in noi la capacità di vincere (*ke sheng*), contando soltanto sulle nostre forze e imparando a far leva sulle debolezze, per misurarci efficacemente con l'incognita delle forze nemiche, dovremo conoscere anche l'altro polo della relazione, l'avversario, l'antagonista, ponderarne la forza, imparare a non sottovalutarla e neppure sovrappesarla, a prevederne i piani, intuirne le tattiche di strategia. È a questo punto che:

«Il comandante cambia il corso delle proprie azioni, e rielabora i suoi piani, inducendo all'inconsapevolezza gli avversari. Cambia [di continuo] la propria posizione, e rende indistinto il suo sentiero, impedendo al nemico di stilare progetti»[8].

Il comandante efficace conosce i piani del nemico ma rende inconoscibili i propri e imperscrutabili le proprie intenzioni, col mutarli continuamente:

«fingere di conformarsi alle intenzioni del nemico, e [poi] ricacciarlo da un'unica posizione [di combattimento], in modo da eliminare il comandante [il nemico] a mille li di distanza»[9].

Quando le forze nemiche risultino ingenti, Sunzi suggerisce di suddividerle mentalmente in piccoli blocchi, considerando una

[7] Sunzi, Sun Tzu. *The Art of War, op. cit.*, 3-23 (cap. III, 23a stanza).
[8] Sun-tzu, *L'arte della guerra, op. cit.*, cap. XI, pp. 89-90.
[9] *Ibidem*, cap. XI, p. 92.

guarnigione numerosa nient'altro che il complesso di tanti piccoli gruppi, in realtà governabili e vincibili.

Come nella dinamica tra parte e tutto, così tra moltitudini che compongono le guarnigioni e manipoli sparsi di uomini non c'è che una differente prospettiva dello sguardo posato su una medesima realtà; come *yin* e *yang* non sono che due versanti complementari di un'unica montagna, l'uno in ombra e l'altro in luce, l'uno solare e l'altro ombroso, così l'attacco diretto o l'attacco di sorpresa non possono rappresentare due scelte distinte, definitive o dicotomiche, ma devono susseguirsi di volta in volta, con il mutare delle circostanze, nell'eterna rotazione cosmica:

> «In linea di massima, l'attacco diretto mira al coinvolgimento; quello di sorpresa, alla vittoria. [...]. L'attacco diretto e quello di sorpresa si generano a vicenda: dall'uno si passa all'altro, e viceversa. È come la rotazione di un ciclo senza fine. Chi potrebbe essere in grado di esaurirla?»[10].

Ciò vale anche per la contrapposizione ordine-disordine: nel tumulto della battaglia regna il caos delle armi e dei corpi contrapposti, lo scontro si determina nel disordine, eppure esso dipende da un piano strategico, controllato dal generale (*jiang*), che risponde a un criterio organizzativo ordinato.

L'ordine è la strategia da mettere in atto, il disordine è l'azione che la attua, che sprigiona la violenza, solleva la polvere dei campi e fa scorrere il sangue e il sudore.

> «Scompiglio e confusione ovunque, nel disordine della battaglia; eppure, [in realtà] non può esserci disordine. [...].
> Il disordine deriva dal controllo; la vigliaccheria deriva dall'audacia; la debolezza deriva dalla forza.
> Il controllo e il disordine sono una questione di numero, l'audacia e la vigliaccheria di potere; la forza e la debolezza di configurazione (tattica)»[11].

Nell'ultima stanza, la quindicesima del quinto capitolo, la traduzione varia rispetto a quella citata nella versione italiana di

[10] *Ibidem*, cap. V, p. 45.
[11] *Ibidem*, cap. V, p. 46.

Arena, che riporta: «il controllo e il disordine esistono in virtù dell'enumerazione». Quella che proponiamo è più vicina all'originale e alla sua forza, espressa in soli quattro caratteri: *zhi luan shu ye*, ovvero «ordine, disordine, (sono, dipendono dal) numero, è proprio così», ordine e disordine sono solo una variabile del numero.

Sunzi, nella più classica vena taoista, chiama continuamente in causa gli opposti e il loro generarsi a vicenda: forza e debolezza, guarnigioni poderose e manipoli sparsi, ordine e disordine.

Così avviene anche per l'incorporeo e il sostanziale: lo stratega efficace dovrà essere pronto ad abbandonare il sostanziale in favore dell'incorporeo, il sonoro in favore dell'insonoro, e ad aprirsi un varco nel vuoto: sarà come l'acqua, che si conforma al terreno, mutando la sua direzione con l'assecondarne le pieghe e i pertugi.

Il termine che definisce la capacità di adattamento dell'acqua, che assume la forma stessa del letto che la terra dispiega dentro di sé, è *shen*, spirito, divinità. L'unica tattica veramente efficace è quella che tiene conto delle trasformazioni del nemico.

Assecondare il mutamento, adeguarsi alle trasformazioni, adattarsi al corso mutevole degli eventi è l'unica vittoria possibile, perché in natura nessuno dei cinque elementi (acqua, fuoco, legno, terra e metallo) domina durevolmente l'altro.

L'acqua stessa domina il fuoco ma è dominata dalla terra, che la argina e la contiene; il fuoco domina il metallo che riscalda e fonde, ma è dominato dall'acqua che lo spegne e lo estingue; il legno domina la terra, dalla quale emerge con la forza generativa della vegetazione in boccio, ma è dominato dal metallo, che falcia e miete il frutto della terra; la terra contiene l'acqua e la domina, ma è dominata dal legno, che la spinge e la forza con le sue potenti radici; il metallo domina il legno ma è dominato e liquefatto dal fuoco.

Nessun dominio è duraturo, nessuna stagione è eterna, le fasi della luna si alternano, la luminosità del giorno si attenua.

> «Quando il nemico si trova a suo agio, può essere messo a disagio; quando è sazio, gli si può mettere fame; quando è stabile, può essere scosso.
> Mostratevi nei luoghi che esso non può affrettarsi [a raggiungere], e affrettatevi [a raggiungere] quelli imprevedibili. Coloro che viag-

giano per mille li senza trovarsi a disagio, viaggiano in zone dove non c'è nessuno [occupando il vuoto].
La configurazione tattica eccellente, dal punto di vista strategico, consiste nell'essere privi di configurazione tattica, ossia nella condizione wu xing, che è senza forma [...].
L'acqua è una metafora della configurazione tattica strategica. Nei suoi movimenti, abbandona le alture e si affretta verso il basso. La configurazione tattica strategica abbandona il sostanziale per immergersi nel vuoto. L'acqua fluisce sistematicamente, conformandosi [alle pieghe] del terreno; la strategia persegue sistematicamente la vittoria, conformandosi [ai movimenti] del nemico.
In effetti, la strategia non segue una linea di tendenza costante, e l'acqua non possiede una configurazione costante. Coloro che sono in grado di conformarsi alle trasformazioni e ai mutamenti del nemico per ottenere la vittoria, vengono definiti spiriti (*shen*)»[12].

Tra gli opposti citati da Sunzi, troviamo anche le categorie di «vago» e «preciso».

Il «vago» (*yu*) deve essere equiparato a «preciso» (*zhi*, cioè definito e diritto), in quanto nasconde sempre una precisa intenzione; così le asperità (*huan*) devono essere ritenute vantaggi (*li*), perché dalle difficoltà nascono le opportunità, e viceversa. Attraverso l'ordine si affronta il disordine, attraverso il silenzio si affronta il clamore.

In questa consapevolezza risiede la conoscenza dello stratega; nell'evitare di muovere le truppe con grande dispendio, per un solo giorno di gloria, la sua sensibilità umana e la sua correttezza morale; nel controllare le passioni la sua efficacia. Combattere mossi dall'ira (*nu*) o dall'indignazione (*yun*) è infine il più grave degli errori, il peggiore dei mali: non produce risultati, consuma le proprie energie, le risorse della popolazione, i beni dello Stato.

[12] *Ibidem*, cap. VI, pp. 52-55.

Capitolo 8

Il saggio è senza idee: la virtù senza azione, la saggezza senza oggetto

La filosofia elabora concetti, la saggezza va in bicicletta

L'uomo greco, determinandosi come individuo e ponendosi come soggetto della propria esperienza cognitiva, determinò al contempo la sostanza come oggetto: ne derivò la nascita del «concetto»[1].

Per comodità cognitiva, il «concetto» della filosofia greca ha poi avuto un ampio credito, imponendosi presso quelle culture che l'hanno incontrato, fino in Cina e in Giappone, quando questi Paesi sono giunti a contatto con le idee e le filosofie d'Occidente, nel XIX secolo.

Tuttavia, il «concetto» non è originariamente cinese, non appartiene alla tradizione culturale del suo pensiero. Esiste infatti, nella lingua cinese, una «parola vuota», che si pronuncia *zhi*, che è priva di significato sostanziale ma ne possiede uno funzionale: serve cioè soltanto a rendere verbale l'espressione che la precede. Grazie alla sua presenza, l'oggetto del verbo può restare indeterminato, indefinito, non specificato: il verbo stesso, in sua presenza, è una specie di «porta» sull'indeterminato. Se ogni verbo si apre su questa potenziale indeterminatezza, descrivendo anche le azioni più semplici, quotidiane e a prima vista banali, ne consegue che l'inafferrabile – che la filosofia occidentale fa coincidere con l'elevato e con il misterioso, ciò che è da svelare, il sacro – non è invece, nel pensiero cinese, al di fuori o estraneo a quanto vi è di più semplice e apparentemente insignificante, il minimo gesto, la più prosaica attività, come il bere o il mangiare.

In tal senso, non l'attività sublime, non gli scopi alti del gesto eroico si riempiono di significato, ma l'atto stesso del vivere realizza il suo mistero.

[1] Jullien, François, *Il saggio è senza idee*, Einaudi, Torino, 2002, pp. 57-67.

«È dal seno stesso di quanto vi è di più concreto e di più triviale che si opera – ma mai completamente (perché inesauribilmente) – la presa di coscienza della via (della saggezza), senza che intervenga la mediazione di un concetto, ma per realizzazione progressiva».

Con questa descrizione, François Jullien spiega il processo cinese della conoscenza: la distinzione che egli opera è quella tra la tensione del pensiero occidentale verso la filosofia, desunta dalle matrici greche, che concepisce – attraverso il «concetto» – un «oggetto di verità», e la differente tensione del pensiero orientale, desunto dalla matrice cinese, verso la saggezza, che realizza invece – attraverso il «processo», ovvero lo svolgimento di una esperienza – ciò che è evidente eppure indeterminato, inafferrabile se non per un istante, in eterno mutamento e inesauribile.

La conoscenza per concetti della filosofia occidentale può porsi come obiettivo e come fine, ma non così *la realizzazione per processo* del pensiero orientale. Questa «realizzazione», che è presa di coscienza del carattere reale della realtà, non è data una volta per tutte, né può porsi come intenzione finale delle nostre azioni: può solo essere favorita, stimolata, indotta, come ogni lento processo di maturazione, perché – per parafrasare la celebre frase di Mencio – «è inutile tirare le piante, occorre lasciarle germogliare».

Per fare un esempio, è difficile «realizzare» concretamente e completamente di essere destinati a morire, anche se ciascuno di noi teoricamente lo sa, così come realizzare compiutamente il senso della vita, del respirare, dell'invecchiare, anche se ciascuno di noi «sa» di star vivendo, respirando e invecchiando.

La saggezza è ottenerne una coscienza piena, profonda, che tuttavia è sempre, soltanto, un breve istante di coscienza.

I neoconfuciani, nel loro intento di sistematizzazione del pensiero cinese, si sforzarono di definire questo «non oggetto» inafferrabile della saggezza, dotato al contempo di estrema concretezza e carattere di quotidianità, che l'uomo è chiamato continuamente e inesauribilmente a realizzare. Lo chiamarono «giusto mezzo», il principio della continua regolazione: un principio di mediazione continua tra l'ampliare (conoscenza, prospettive) attraverso lo studio, la cultura, l'impegno e l'attenzione, e il limitare, attraverso la regolazione dei riti. Per il saggio, alla fine, la lunga consuetudine con questo processo dovrebbe renderlo naturale, spontaneo e senza sforzo, un'abilità immanente al suo comportamento.

Se il «discorso» della filosofia spiega, insegna, chiarisce, punto per punto, metodicamente, la «realizzazione» della saggezza invece non può essere esposta, spiegata, chiarita, non può divenire verità data. Essa può solo essere realizzata, giorno dopo giorno, un istante dopo l'altro, e mai conquistata. Soltanto la lunga consuetudine con questa realizzazione di coscienza e di conoscenza, farà sì che alla fine essa diventi una «abilità inattiva», che possa essere ottenuta da sé, senza che l'individuo più debba curarsene o prestarvi attenzione.

Avviene come quando suoniamo uno strumento, un'aria ben conosciuta: a partire da quando, grazie all'estenuante esercizio, al lungo sforzo investito, ciò comincia a riuscirci, suonare si trasforma in puro piacere dell'esecuzione, azione senza sforzo, capacità che tende a manifestarsi da sé, senza che sia più necessario pensarci, senza più sforzo o attenzione. È – per dirla con il linguaggio prosaico che ben si addice alla natura del pensiero cinese – «come andare in bicicletta».

La realizzazione della saggezza – nella tensione del pensiero orientale – alla fine dovrebbe discendere per una sorta di auto-ottenimento, a conclusione di una lunga maturazione, eppure mai finita e sempre perfezionabile.

Per i cinesi, dunque, il conseguimento di un effetto, la sua relizzazione, non è da intendersi direttamente come lo scopo dell'azione, il suo fine realizzato a partire da un piano e da una metodologia, ma procede piuttosto indirettamente, a titolo di conseguenza di tutti gli sforzi compiuti, come un esito naturale e tuttavia non calcolabile né pianificabile.

L'«oggetto» concepito dai greci in rapporto alla libertà di un «soggetto», che va affrancandosi come individuo e scopre la libertà – il nostro mito d'Occidente – viene sostituito in Oriente dal principio di *auto-ottenimento.* Al principio di libertà si contrappone un'altra e più urgente istanza: quella della spontaneità.

La spontaneità

«Il cuoco Ting squartava un bue per il principe Wên-hui. Ciò che la sua mano tagliava, la sua spalla premeva, il suo piede calcava e il suo ginocchio spingeva, mandava un fruscio, cui faceva eco il

mobile coltello con un suono soffocato, in pieno tono con la danza del «*Bosco dei gelsi*» e a tempo col «*Ching-shou*»[2].
"Oh, è meraviglioso!" esclamò il principe Wên-hui.
"L'abilità giunge dunque a tanto?"
"Ciò che il suddito ama è la Via" replicò il cuoco Ting posando il coltello. "La preferisce all'abilità. Quando il suddito cominciò a squartare buoi non vedeva altro che il bue, dopo tre anni già non vedeva più il bue intero, oggi lo considera con lo spirito, non lo guarda con gli occhi. Mi astraggo dalla conoscenza dei sensi e procedo secondo la volontà dello spirito, attenendomi ai principi naturali: attacco i grandi interstizi e m'apro una via nelle grandi cavità, seguendone il corso naturale. La mia abilità si esercita a non tentare le grandi articolazioni e a maggior ragione le grandi ossa. Un buon cuoco cambia coltello ogni anno perché egli taglia, un cuoco comune cambia coltello ogni mese perché egli rompe. Il coltello del suddito è in funzione da diciannove anni ed ha squartato parecchie migliaia di buoi, ma la sua lama sembra passata alle cote poco fa. Tra le giunture vi sono degli interstizi e la lama del coltello non ha spessore: come è facile far sì che una cosa senza spessore penetri in una cosa che ha interstizi! Sicuramente c'è spazio in avanzo per farvi passare la lama. Per questo dopo diciannove anni la lama del mio coltello sembra passata alle cote poco fa. Però, ogni volta che arrivo alle giunture ne vedo la difficoltà. Timorosamente, mi faccio cauto, il mio sguardo si fissa, le mie azioni si fanno lente, i movimenti del mio coltello divengono impercettibili, ed ecco che ad un tratto il pezzo è tagliato e cade a terra come una zolla. Sto lì con il coltello in mano a guardarmi intorno, fo' una pausa tutto soddisfatto, poi pulisco il coltello e lo ripongo".
"Eccellente!" esclamò il principe Wên-hui. "Ora che ho udito le parole del cuoco Ting so come nutrire la vita"»[3].

Molte sono le storie che riguardano gli artigiani e i mestieri, utilizzate nel *Zhuangzi* a esemplificazione dell'arte taoista del vivere: da queste apprendiamo che si tratta di «un'arte supremamente pervicace», dalla quale i criteri razionali di analisi, discernimento e

[2] Il *Bosco dei gelsi* era presumibilmente una musica per danza del regno di Sung, mentre il *Ching-shou* è un brano della sinfonia *Hsien-ch'ih* dell'imperatore Huang Ti, citato al paragrafo 99 dello stesso *Zhuangzi.*

[3] *Zhuangzi,* trad. di Fausto Tomassini, in *Chuang-tzu, op. cit.*, III, 20, pp. 23-24.

scelta non farebbero che allontanarci[4]. Da queste apprendiamo anche che la via taoista (il *dao*) non è *logos*, concetto, sapere qualcosa, un oggetto, «sapere ciò», ma «sapere come fare»; non è verbalizzare, ma cessare di operare distinzioni, confluendo nel moto spontaneo dell'universo. Anche il *de* (virtù o potenza) è la innata potenzialità delle cose e degli esseri di espletare con successo le rispettive funzioni.

Le storie di artigiani e abili uomini di mestiere, contenute nel *Zhuangzi* – come quella esemplificativa del cuoco Ding (Ting, in traslitterazione desueta ma contenuta nelle fonti), che si arresta di fronte a un blocco intricato di ossa e muscoli del bue, contempla la situazione e alla fine assesta un unico ed efficace colpo di lama – chiariscono anche come questa spontaneità dell'azione non sia trascuratezza, e nemmeno noncuranza.

La spensieratezza dell'azione taoista contiene una profonda concentrazione, una perfetta consapevolezza, una perfetta padronanza, che la rende lieve, che le dona facilità, che le toglie ogni intenzionalità forzata.

Fra la perfetta abilità del cuoco Ding e l'estasi di Nanguo Ziqi (traslitterazione attualmente in uso) esiste allora solo una differenza di grado:

> «Nan-kuo Tzu-ch'i sedeva appoggiato ad un tavolinetto: con gli occhi rivolti al cielo respirava lentamente, sembrava che avesse perduto persona e spirito.
> Yen Tzu-yu, poi detto Ch'eng, che in piedi attendeva a lui, disse: "Che significa? Può davvero la forma ridursi come legno secco e il cuore come cenere spenta? Colui che ora è appoggiato al tavolo non è quello che prima era appoggiato al tavolo".
> "O Yen" disse Tzu-ch'i "non hai fatto bene a porre questa domanda? Or ora avevo perduto il mio io, lo comprendi?"»[5].

Per *Zhuangzi* creare distinzioni «fluide e in grado di adattarsi alle circostanze» è del tutto corretto; non lo è invece creare distinzioni tanto rigide da farci supporre che, per ogni cosa, una defini-

[4] Graham, Angus, C, *La ricerca del tao. Il dibattito filosofico nella Cina classica, op. cit.*, pp. 252-287.

[5] *Zhuangzi*, trad. di Fausto Tomassini, in *Chuang-tzu, op. cit.*, II, 9, pp. 9-10.

zione possa corrispondere per sempre a quella che abbiamo trovato utile adottare in qualche circostanza. Quando ciò accade, si tratta di un inganno del pensiero, ma il saggio «segue costantemente la spontaneità e non aggiunge nulla al processo vitale».

Non si può dire che il saggio non agisca, quanto piuttosto che non aggiunga nulla all'azione, rifuggendo da ogni egocentrismo.

Egli è *ziran*, la sua azione è *ziran*: naturali, spontanei, «tali di per se stessi».

Un'espressione ancor più tipica nel Zhuangzi è *budeyi*, ovvero «che non può essere fatto altrimenti», inevitabile.

Ma se «spontaneo» ci suggerisce un'idea di libertà, «inevitabile» potrebbe farci pensare a una sorta di meccanicismo costrittivo: ulteriore dicotomia, che forse dovremmo lasciarci alle spalle per comprendere il pensiero cinese.

> «La grande sapienza tutto abbraccia, la piccola sapienza distingue; le grandi parole compongono i contrari, le piccole parole discutono di futilità. Nel sonno lo spirito mescola, nella veglia la forma separa. Lo slancio presiede all'affermazione e alla negazione; l'arresto presiede alla conservazione e al superamento»[6].

[6] *Ibidem*, II, 10, pp. 10-11.

Capitolo 9
La filosofia della vita quotidiana

Come le quattro stagioni

La realtà è sempre qui, davanti a noi, con le sue soluzioni, le sue contraddizioni.

Affrontarla è sempre questione di calmarsi, concentrarsi e osservare la nostra mente, libera dalle idee che costruiamo, impalcature che sostituiamo alla realtà.

Wu wei è forse, come ci suggerisce Henri Borel, «compiere il proprio ciclo vitale senza sforzo, come l'onda che ci lambisce i piedi» o il ritmo che traccia la rotta luminosa degli astri attraverso lo spazio.

Nel suo «*Wu wei. Fantasie inspirée par la philosophie de Lao Tze*», Borel immagina di incontrare un saggio taoista, che lo istruisce su *wu wei*:

> «Ascolta allora quanto ti dirò del *wu wei*, del non-agire e del non-fare, così come procede da Tao. In ogni uomo vi è la tendenza al movimento che procede da tao e che tende a ricondurvelo. Ma gli uomini si lasciano accecare dai sensi e dai desideri. Essi bramano la voluttà, la gioia, l'odio, la celebrità e la ricchezza. I loro atti sono violenti come una tempesta scatenata; il loro ritmo è una furiosa ascesa, seguita da una caduta precipitosa. Come disperati, si aggrappano a tutto ciò che è irreale. Ambiscono troppo alla molteplicità per desiderare l'Unico.
>
> Vogliono anche la saggezza e la bontà, e questa è la cosa peggiore di tutte.
>
> C'è un solo Rimedio: il ritorno alle nostre origini. Tao è in noi. Tao è il Riposo. Potremo raggiungerlo soltanto attraverso la rinuncia del desiderio, anche quello della bontà e della saggezza. E vivendo senza sforzo, senza compiere nessuna azione che non sia in armonia con la natura[...].
>
> In primo luogo liberati dalle illusioni, dai desideri e dalle aspira-

zioni. Allora, senza sapere come, senza essere spinto da una causa di cui tu abbia coscienza, ti sarai messo in cammino. Fluirai verso Tao seguendo il ritmo leggero che è il tuo puro principio vitale, il solo reale [...].
Smetti allora di ricercare la saggezza. Non desiderare di sapere troppo e, con il tempo, la conoscenza arriverà da sola [...].
La sofferenza un giorno svanirà dalla tua vita, come svaporano le nebbie dalla montagna, poiché vedrai, infine, che tutto ciò che esiste è inevitabile e naturale. Tutte le cose che per tanto tempo ti sono sembrate oscure, strane o importanti diventeranno *wu wei*, e cioè del tutto semplici»[1].

Esemplare appare la metafora delle quattro stagioni, coniata da Wang Fuzhi (1619-1692), nella quale il filosofo contrappone la fase primaverile ed estiva di crescita e germinazione della vita a quella autunnale e invernale del declino e della morte, per indicare da un lato la natura effimera della vita e dall'altra quella apparente della morte. Wang Fuzhi pone sotto osservazione la condizione di transitorietà di tutti i fenomeni, attraverso la dinamica dell'alternanza tra «visibile» e «invisibile»: un passaggio continuo, in cui anche l'annientamento appare come illusorio, mentre la realtà ultima, energia in movimento, puro principio vitale, solo reale, non si crea né si distrugge[2].

Wang Fuzhi è un pensatore di grande levatura e ampiezza di conoscenze della tradizione classica, impegnato socialmente nel suo tempo, che fu quello della transizione dall'epoca Ming all'usurpazione mancese: al servizio dell'effimero regno di Yongli, l'ultimo dei principi della casa regnante, Wang Fuzhi imputava al buddhismo la responsabilità di avere scoraggiato la volontà di azione degli han, l'etnia dominante, rendendola inerte alla reazione contro gli invasori. Al carattere illusorio del mondo propugnato dal buddhismo egli opponeva la riaffermazione della vita e l'esistenza oggettiva del mondo: sostenuto da un saldo radicamento

[1] Borel, Henri, *Wu Wei. Fantaisie inspirée par la philosophie de Lao Tze*, Aux Editions du Monde Nouveau, Parigi, 1931 (trad. italiana., *Wu Wei*, Neri Pozza, Vicenza, 1999).

[2] Wang Fuzhi, *Zhangzi Zhengmeng zhu*, in *Zhongguo zhexueshi zilliao xuanji, Qingdai zhi bu*, p. 156, cit. in Santangelo, Paolo, *Il peccato in Cina*, Laterza, Bari, 1991, p. 254.

nel pensiero cinese tradizionale, riteneva semmai che illusioni, desideri e false aspirazioni di cui liberarsi non dovessero essere una dissolvenza buddhista nel nulla, ma un riconoscimento della totalità della vita, permeata di una energia che in sé contiene e trascende sia l'essere e sia il non essere[3].

> «Noi dobbiamo dunque assumere la nostra condizione umana, invece di cercare di evaderne. Una complementarità essenziale unisce l'uomo, soggetto sensibile ed attivo, al mondo, oggetto delle sue percezioni e della sua azione. È follia voler troncare i legami che ci uniscono al mondo, poiché esso ci appartiene e noi vi apparteniamo, in ogni istante. Colui che lo tenta infligge a se stesso ed al mondo una profonda ferita. [...]. Colui che prende in considerazione solamente un aspetto delle cose, colui che immagina un assoluto, smarrisce il senso vero del mondo»[4].

Il pensiero di Wang Yangming (1472-1529) aveva, quasi due secoli prima di Wang Fuzhi, largamente influenzato la storia delle idee del XVI e XVII secolo, ponendo l'accento sulla intuizione individuale e sulla «coscienza morale innata».

> «Durante una passeggiata del maestro (Wang Yangming) a Nanzhen, uno dei suoi amici, mostrandogli un albero in fiore su una roccia scoscesa, gli chiese:
> "Se non vi sono al mondo oggetti esterni al nostro spirito (come voi dite), qual è dunque il rapporto fra il mio spirito e quell'albero, i cui fiori si sono schiusi da sé e da sé cadranno nei dirupi profondi di questa montagna?"
> "Prima che voi vedeste quei fiori – rispose il maestro – essi riposavano con il vostro spirito nello stesso silenzio. Ma a partire dal momento in cui li avete visti, d'un tratto il loro colore vi è chiaramente apparso. Da ciò comprendete che quei fiori non sono esterni al vostro spirito"»[5].

[3] Cheng, Anne, *Storia del pensiero cinese. Dall'introduzione del buddismo alla formazione del pensiero moderno,* Einaudi, Torino, 2000, vol. II, p. 612.

[4] Gernet, Jacques, *L'intelligence de la Chine. Le social et le mental,* Gallimard, Paris, 1994, pp. 305-312.

[5] *Chuanxi lu* (Note sulla trasmissione di una pratica morale) in *Wang Yangming quanji,* III, pp. 107-108. La traduzione integrale è contenuta in *Chan Wing-tsit, Instructions for Practical Living and Other Neo-Confucian Wri-*

Al fiore di Wang Yangming, che appare soltanto a colui che lo guarda e solo in quella visione si unifica allo spirito dell'osservatore, Wang Fuzhi contrappone una più estesa consonanza di ogni entità di natura:

> «Senza seme non vi è boccio; senza boccio non vi è fiore; senza fiore non vi è frutto; senza frutto non vi è seme. Ma se si cerca più innanzi (nella catena degli eventi che si producono), se lo Yin e lo Yang non determinassero le disposizioni, non vi sarebbe né radice né stelo, e se non vi fosse l'attivarsi dello Yang e la risposta dello Yin, non vi sarebbe né calice né ovario»[6].

Contro le concezioni buddhiste della vacuità e dell'impermanenza, Wang Fuzhi riafferma la realtà eterna dell'energia universale (*qi*), che permea di sé ogni manifestazione esistenziale, rendendo la stessa morte e l'annientamento fasi del processo vitale e la vita quotidiana permeata di questa meravigliosa potenza.

Come aveva affermato Zhang Zai (1020 – 1078), anche per Wang Fuzhi lo spazio vuoto non è che energia, l'inazione non è che ritmo spontaneo di moto e di quiete, risonanza dello *yin* all'attivarsi dello *yang*:

> «Lo spazio vuoto non è altro che il volume occupato dall'energia. Quando l'energia, flusso senza limite, è sottile al punto da non avere forma, gli uomini vedono lo spazio vuoto, ma non l'energia. Ordunque, tutto lo spazio vuoto non è che energia: allorché è condensata, diviene visibile, e gli uomini dicono allora che v'è qualcosa; quand'è dispersa, non è più visibile, e gli uomini pensano allora che non vi sia nulla»[7].

Non vi è nulla da cercare al di fuori dell'interazione fra *yin* e *yang*, nulla da cogliere se non «lo spirito della grande trasformazione» (*dahua zhi shen*), nulla che spieghi l'intero funzionamento

tings by Wang Yang-ming, Columbia University Press, New York, 1963.

[6] *Zhouyi waizhuan* (Commento esteso ai Mutamenti), in *Chuanshan yishu quanji* (Raccolta completa delle opere ancora esistenti di Wang Fuzhi) vol. II, Zhongguo Chuanshan xuehui e Ziyou chubanshe, Taipei, 1972, p. 866.

[7] *Zhangzi Zhenmeng zhu* (Commento all'Iniziazione corretta di Maestro Zhang), I, *Taihe* (L'armonia suprema), in *Chuanshan yishu quanji, op. cit.*, p. 9286.

dell'universo che non sia presente nelle dinamiche in eterno divenire della vita quotidiana degli uomini e del mondo in cui essi vivono.

Tuttavia, reagendo alle vicissitudini esistenziali e rispondendo agli stimoli della vita (*ying shizhi bian*), le menti degli uomini ne sono influenzate e si agitano (*gan er hou dong*).

Il disordine della miriade delle trasformazioni (secondo l'espressione coniata da Zhu Xi di *wanbian zhi fenyun*) non lascia insensibile la mente umana, che infatti se ne lascia coinvolgere e ne resta turbata, soltanto la quiete invece «permette di dominare le cose del mondo. Soltanto il vuoto completo (da pregiudizi, emozioni e desideri) permette di comprendere tutte le cose del mondo. La quiete è l'essenza del Dao, mentre il vuoto ne è lo strumento»[8].

Il concetto di quiete (*jing*) entra così in relazione dialettica con quello di moto e agitazione (*dong*).

Wang Fuzhi aveva fatto pendere i pesi della sua bilancia dallo stato di quiete verso quello di moto, per attribuire all'uomo la virtù di agire in cooperazione con l'ordine naturale e all'umanità la prerogativa di sentirsi in armonia con il fluire dell'energia vitale.

Un nuovo concetto di bene si fa dunque strada nel mondo cinese, equivalente al sentimento dell'unità con tutto l'universo e alla capacità di espansione della mente, che la ponga in grado di interagire pienamente con tutti gli esseri e le cose del cosmo: una abilità potente di comunicazione e di empatia che viene paragonata alla circolazione del sangue in un soggetto sano, laddove invece l'egoismo e la mancanza di empatia umana vengono assimilati a una ostruzione della comunicazione sana tra individuo e universo e considerati una vera e propria patologia.

> «La comprensione è sinonimo di umanità: abbraccia le cose del mondo e non c'è luogo dove non sia presente. Ciò significa che il principio della mente scorre come il sistema di circolazione sanguigna, e non v'è parte del corpo che non ne sia irrorata»[9].

Questa condizione di empatia e di comprensione umana delle cose del mondo è affine all'ideale di unità tra mente individuale e

[8] Wang Wei, *Zhici*, in Santangelo, Paolo, *Il peccato in Cina*, Laterza, Bari, 1991, p. 255.

[9] Zhu Xi, *Zhuzi yulei* (Raccolta ragionata dei discorsi di Maestro Zhu), 33.

mente universale, uomo e cosmo, propugnato da Wang Yangming: una unità che rende l'uomo capace di dedicarsi alle cose del mondo senza esserne turbato o corrotto, come per la superficie riflettente di uno specchio.

Le influenze del taoismo si mostrano rilevanti: ogni distinzione logica o temporale, come pure le dicotomie tra io e non-io, vita e morte, sono annullate da una mistica unità con tutto l'universo, in una completa libertà da ogni condizionamento. Pur tuttavia, questa sintesi del pensiero cinese, operata dai neoconfuciani a partire dall'XI secolo, non implica in alcun caso e in nessun modo il concetto di dimenticanza del mondo: al contrario, affari di stato, relazioni familiari e vita quotidiana sono importanti aspetti dell'umana esistenza, incombenze e competenze cui l'uomo non deve sottrarsi. È nel frastuono della vita, piuttosto, che la mente umana, memore dell'insegnamento del saggio taoista, dovrà mantenere capacità di distacco e condizione di quiete[10].

Lo stesso buddhismo, radicandosi in Cina dalla vicina India, subì molte trasformazioni in senso umanistico, seguendo questa vocazione mondana del pensiero cinese.

Come scrisse Zhu Guangqian, «l'arte e la letteratura in Occidente, come la religione, ricercano la salvezza al di fuori del mondo immediato, al quale tentano di sostituirne un altro, per cui attribuiscono particolare importanza all'immaginazione e all'invenzione. La letteratura e l'arte in Cina, invece, analogamente alla concezione etica cinese, ricercano la salvezza all'interno del mondo immediato, e cercano di trasformare questo mondo in un mondo ideale»[11].

L'evidenza della saggezza

> «Il Maestro disse: "Chi al mattino ode parlare della Via, giunta la sera potrà anche morire"»[12].

[10] Santangelo, Paolo, *Il peccato in Cina, op. cit.*, p. 258.

[11] Zhu Guangqian, i, 7:101, in Sabattini, Mario, *The Aestetic Thought of Zhu Guangqian. With a translation of His Wenyi xinlixue* (The Psychology of Art and Literature), Roma 1984, p. 121.

[12] Confucio, *Dialoghi, op. cit.*, IV, 8, p. 37.

Ciò significa che, nel pensiero cinese, chi anche un solo giorno esperisca il processo della vita e della morte, ha già conferito un senso alla propria esistenza.

«Saremmo ben lieti di riconoscere in una tale sentenza – ci dice Legge – una vaga comprensione di qualche verità più alta di quella che i saggi cinesi sono stati capaci di proporre. Ma la tradizione cinese pretende esattamente il contrario: la formula direbbe l'essenziale. Addirittura, in un certo qual modo, Confucio in essa direbbe tutto: la vita – « la via » – la morte, l'inizio e la fine, questo lasso di tempo, sufficiente per realizzarsi, che separa la sera dal suo mattino, e tra questi due «il possibile», grazie a cui la vita diviene legittima. [...].

La formula riesce, più che a dire, a captare, o meglio a lasciar passare (la spontaneità del processo, la ineludibile necessità e semplicità del vivere). Appunto perché non tematizza, non teorizza: è in virtù di questa discrezione, solo suggerendo, che riesce a far capire ciò che nessun discorso può dire»[13].

La massima di saggezza non forza il pensiero, ma si infiltra nelle sue pieghe: Confucio in fondo fa solo osservazioni di vita quotidiana, ma attraverso l'osservazione fa sì che continuamente si stagli sullo sfondo l'evidenza del vivere, che – proprio perché incessantemente si offre e si esibisce – è portato a sfuggirci in tutta la sua pienezza, nella ricchezza dei significati, nelle pieghe nascoste della sua preziosità.

L'infimo dettaglio dell'osservazione confuciana rivela la totalità della saggezza, il suo corpo compatto, proprio come l'infimo dettaglio del vivere rivela l'infinito. La filosofia occidentale fissa un orizzonte dello sguardo, il piano elevato delle essenze, le altezze delle cattedrali gotiche cui elevarsi e mirare; la saggezza orientale sgorga da un fondo, una fonte sotterranea, un infimo rigagnolo che allude alla grandezza degli oceani: più la mente è cheta e vuota, più il fondo traspare, più è silenziosa, più s'ode lo sciabordio dell'acqua, che riecheggia nella conchiglia tratta dal fondo marino e accostata all'orecchio.

La struttura del discorso filosofico costruisce l'architettura del mondo e concepisce idee: a questa preferenza culturale corrisponde l'uomo agente, l'uomo *faber* d'Occidente; il dipanarsi delle

[13] Jullien, Francois, *Il saggio è senza idee, op. cit.*, p. 32.

osservazioni in cui si dispiega la saggezza orientale corrisponde invece allo svolgimento senza fine delle cose, al processo della vita che l'uomo orientale esperisce.

La formula di saggezza appare vicina, è banale, appartiene alla vita quotidiana ma conserva al contempo un fondo nascosto, l'unità, quell'oceano che ne è la fonte: contiene tutto, non pretende – come la filosofia – di riassorbire le differenze ma le collega tra loro indicandone l'origine comune.

> «Il maestro disse: "Finché nel suo paese prevalse la Via, Ning Wuzu diede prova di sapienza, ma quando declinò simulò la follia. Il suo grado di sapienza poteva essere uguagliato, ma la sua follia non ebbe uguali"»[14].

Ning Wuzi, esempio di lealtà del ministro verso il suo sovrano, simulò la follia per dimostrare la propria fedeltà. Il paradosso della «saggezza» è che, attraversando la vita e i suoi turbamenti, può declinare in «follia» e che tuttavia questa possa rivelarsi – laddove se ne verifichino le circostanze e in particolari condizioni – una speciale forma di saggezza.

La grandezza dell'ordinario

La Cina non ha mai concepito il genere letterario dell'epopea, perché non vuole narrare le prodezze dell'eroe, la grandezza dell'azione omerica, quanto piuttosto l'evidenza del prodigioso dispiegarsi l'uno dopo l'altra del giorno e della notte, della vita e della morte.

L'azione eroica è così sostituita dall'azione spontanea, lo «straordinario» e l'eroico da quel prodigio del vivere che alla fine risulta nascosto e a cui non si presta attenzione perché appare a prima vista troppo «ordinario» e scontato, un dato di fatto. Ma quale prodigio nel dato di fatto!

Il saggio non fa nulla di straordinario, la sua condotta è del tutto ordinaria, ciascuno ha in sé la misura della propria elevazione:

[14] Confucio, *op. cit.*, V, 21, p. 51.

«Il Maestro disse: "Non conosco alcuno veramente dedito a coltivare la benevolenza o che detesti a pieno di non esserne dotato. Nessuno è migliore di chi è dedito a coltivare la benevolenza; tuttavia, chi detesta di non esserne dotato è come se lo fosse, giacché non si lascia contaminare da quanto è contrario a essa. Esiste forse un uomo che nell'arco di un solo giorno usi tutte le proprie forze per coltivare la benevolenza? Non conosco alcuno che non abbia sufficienti forze per farlo; o forse vi è qualcuno, ma non lo conosco"»[15].

La comprensione della realtà però è inesauribile e il discepolo si sente inadeguato a questo compito: la vede davanti a sé e ad un tratto è dietro, inafferrabile. D'altra parte riconosce che quel che egli non arriva a comprendere, per avventura, d'un tratto gli «sorge sotto gli occhi», apparendo improvviso come un'evidenza, per poi scomparire inafferrabile e ancora tornare a ergersi davanti a lui.

«Con profondo sospiro Yan Yuan esclamò: "Più elevo lo sguardo, più è irraggiungibile, più tento di penetrarla, più è impenetrabile. L'osservo e pare innanzi a me, ma all'improvviso è alle mie spalle. Magnanimo è il Maestro: a guidarmi passo dopo passo, ad ampliare la mia mente con la cultura e a disciplinare la mia condotta con le antiche norme rituali. Allorché desidero fermarmi, non vi riesco. E quando ho esaurito le mie risorse, è come se innanzi a me si ergesse qualcosa: quand'anche volessi raggiungerla, non troverei la strada"»[16].

Il discepolo si riferisce naturalmente alla ricerca della Via verso la quale il Maestro lo guida.

L'inafferrabile che essa contiene non è al di fuori di quanto vi è di più semplice e quotidiano, ma «si erge davanti a lui, sorge sotto gli occhi, pare davanti allo sguardo»: è dal seno dell'ordinario, di quanto concretamente osserviamo e viviamo, che sgorga – ma mai completamente, perché dotata di inesauribile ricchezza – la presa di coscienza esistenziale.

La comprensione, per quanto vasta, non può infatti esaurire l'immanenza continua del processo e così la parola le è insufficiente ad «attualizzarla».

Ne è discesa la ricerca cinese, nella sfera del linguaggio, della comunicazione, dell'arte e della letteratura, di una parola che non

[15] *Ibidem*, IV, 6, p. 37.
[16] *Ibidem*, IX, 11, p. 97.

parli, evocativa senza significare, visiva senza rappresentare. Nella pittura il vuoto non viene messo in angolo, all'orizzonte del cielo, ma attraversa tutto il paesaggio, appena delineato: immerso nella sua cancellazione, incombe alludendo a tutti quegli aspetti del mondo che nessuna rappresentazione potrebbe mai rappresentare.

Disceso da cavallo, ti invitai a bere.
Signore – ti chiesi – dove mai andrai?
La mia vita è fallita – dicesti
Vado a ritirarmi laggiù, sotto i monti del Sud.
E partisti. Non ti chiesi più nulla.
Laggiù le nuvole bianche sono come il tempo infinite!
(*Wang Wei*, L'addio)[17]

Risale con tutta probabilità all'epoca e alla ispirazione dei poeti Tang, dei quali Wang Wei è uno dei più eminenti rappresentanti, quella comunione tra pittura e poesia che fece dire delle poesie di Wang Wei che fossero pitture e delle sue pitture che fossero poesie.

Il sole rosso riempie cielo e terra,
le nubi di fuoco si raggruppano in montagne,
l'erba e gli alberi si accartocciano,
pantani e fiumi si seccano.
Pesanti vesti di fine seta –
L'ombra è così sottile tra gli alberi!
Impossibile avvicinarsi alle canne –
Camicia tre volte bagnata nell'acqua.
Io sogno di lasciare quest'universo
Per distendermi nell'immensità.
Un vento lontano s'avvicina –
Il fiume e il mare lavano le passioni.
Chi prende il proprio corpo come un male
Non è vivace nello spirito.
Improvvisamente, alle porte d'ambrosia,
ho sentito come una frescura...
(*Wang Wei*, Canicola)[18]

[17] Wang Wei (699-759) è con Li Bo e Du Fu tra i maggiori poeti di epoca Tang. La traduzione di *L'Addio* è contenuta in Bertuccioli, Giuliano (a cura di), *La letteratura cinese*, Sansoni, Edizioni Accademia, Firenze-Milano, 1968, p. 185.

[18] Tradotta in Wang Wei, *Le stagioni blu*, Luni editrice, Milano, 1994, pp. 62-63.

Patrick Carré, curatore dell'edizione originale francese «*Les Saisons bleues. L'œuvre de Wang Wei poète et peintre*», commenta:

> «...Lasciare quest'universo per disperdersi nell'immensità [...]. Ma egli (Wang Wei) conosce l'errore supremo, la fuga, e la teme tanto che immediatamente chiama il vento lontano di Zuo Si e si lascia sciogliere in tutte le acque di questo basso mondo. Il corpo, anche se inefficiente e malato, non è il difetto dello spirito, benché possa sembrarlo, se il poeta si ricorda una *ga-tha-* del *Sutra del Loto*: "L'onnisciente Signore degli dèi e degli uomini/ delle gemme di Se stesso ha compassione./ Egli apre le porte della sua ambrosia/ e offre la sua libertà infinita"»[19].

Wang Wei è quindi ospite da Zhu, ove incontra il grande poeta di corte Lu Xiang: il loro ospite è povero, ma il suo vino proviene dalle colline di Xinfeng (Nuova Abbondanza) e «le etere non sono artiste mediocri, lasciano ai salici e alle sofore gli sprazzi del tempo e rendono al riso e alla gioia la loro indispensabile identità con la vita. Capire la vita – scrive maestro Zhuang (si riferisce a Zhuangzi) è non farsi carico di ciò che è inutile alla vita: comprendere il destino è non ricercare ciò che lo rende impossibile»[20].

> Il nostro ospite ama ricevere:
> tutto il giorno ha visite.
> Credito di vino alla Nuova Abbondanza,
> cetre delle ragazze di Qin...
>
> Rado ramoscello di salice nella camera degli ospiti,
> le sofore si sfogliano al bastione dell'autunno.
> Scherzi e baldoria –
> Comprenderò la vita...
> (Wang Wei, *Festa da Zhu*, in *La raccolta d'autunno*).

[19] Ibidem, p. 63. *Ga-tha-* significa «stanza» o «canto»; *ga-tha-* è anche il nome di una delle tradizionali nove o dodici suddivisioni in cui veniva classificato il *Canone buddhista*.

[20] *Ibidem*, pp. 76-77.

Bibliografia

Calasso R., *Le nozze di Cadmo e Armonia*, Adelphi, Milano 1988.

Capra F., *Il tao della fisica*, Adelphi, Milano 1982.

Chan Wing-tsit, Instructions for Practical Living and Other Neo-Confucian Writings by Wang Yang-ming, Columbia University Press, New York 1963.

Cheng A., *Storia del pensiero cinese*, Einaudi, Torino 2000.

Confucio, *Dialoghi* (cura e traduzione di Tiziana Lippiello), Einaudi, Torino 2003.

Duyvendak J. J. L. (a cura di), *Tao TÍ Ching. Il Libro della Via e della Virtù*, Adelphi, Milano 1973.

Fingarette H., *Confucius: the Secular as Sacred*, Harper Torchbooks, New York 1972.

–, *The Problem of Self in the Analects*, Philosophy East and West 29-1979.

Fung Y., *Storia della filosofia cinese*, Mondadori, Milano 1975.

Gardner D. K., *Learning to be a Sage: Selections from the Conversations of Master Chu*, Arranged Topically, University of California Press, Berkeley 1990.

Gernet J., *L'intelligence de la Chine. Le social et le mental*, Gallimard, Parigi 1994.

Graham A. C., *Later Mohist Logic, Ethics and Science*, Chinese University Press – School of Oriental and African Studies, Hong Kong, Londra 1982.

–, *Studies in Chinese Philosophy and Philosophical Literature*, National University of Singapore – Institute of East Asian Philosophies, Singapore 1986.

–, *Disputers of the Tao. Philosophical Argument in Ancient China*, Open Court Publishing Company, La Salle, Illinois 1989.

Granet M., *Il pensiero cinese*, Adelphi, Milano 1971.

–, *Dances et légendes de la Chine Ancienne*, 2 voll., Les Presses universitaires de France, Parigi 1994 (3a ed.).

Harsbmeier C., *Aspects of Classical Chinese Syntax*, Curzon Press, Londra 1981.

Idema W., Haft L., *Letteratura cinese*, Libreria editrice Cafoscarina, Venezia 2000.

Jullien, F., *Il saggio è senza idee*, Einaudi, Torino 2003.

Kaltenmark M., *La filosofia cinese*, Xenia, Milano 1994.

Lu J., *Lu Jiuyuan ji* (Opere di Liu Jiuyuan), Zhonghua shuju, Beijing 1980.

Lau D. C., *Chinese Classics: Tao te ching*, Chinese University Press, Hong Kong 1982.

Mair V. H., *Tao Te Ching: The Classic Book of Integrity and the Way*, Bantam Books, New York 1990.

Masper H., *Le Taoisme et les réligions chinoises*, Gallimard, Parigi 1971.

Radhakrishnan S., *Storia della filosofia orientale*, Feltrinelli, Milano 1978.

Robinet I., *Polysémisme du texte canonique e syncrétisme des interprétations: Etude taxinomique des commentaires du Daode Jing au sein de la tradition chinoise*, in Extrìme Orient – Extrìme Occident, V-1984.

Santangelo P., *Il peccato in Cina*, Laterza, Roma-Bari 1991.

Schwartz B. I., *The World of Thought in Ancient China*, Harvard University Press, Cambridge (Mass.) 1985.

Sun-tzu, *L'arte della guerra*, Rizzoli, Milano 1997.

Sunzi, *Sun Tzu. The Art of War*, Zhijiao Chubanshe, Hong Kong 1973.

Tomassini F. (a cura e traduzione di), *Tao. I grandi testi*, Utet, Torino 2003.

–, *I quattro libri di Confucio*, Utet, Torino 2003.

Wang W., *Le stagioni blu*, Luni editrice, Milano 1994.

Zhangzai, *Zhangzai ji* (Opere di Zhangzai), Zhonghua shuju, Beijing 1978.

Zhou Dunyi, *Taiji shuo* (Spiegazione del diagramma del Culmine supremo), in *Zhouzi quanshu* (Opere complete di maestro Zhou), Shangwu Taipei 1978.

–, *Zhou Dunyi Ji* (Opere di Zhou Dunyi), Zhonghua shuju, Beijing, 1990.

Zhu Xi, *Zhuzi yulei* (Raccolta ragionata dei discorsi di Maestro Zhu), Zhonghua shuju, Beijing 1986.

Indice

FSC
www.fsc.org
MISTO
Carta da fonti gestite in maniera responsabile
FSC® C105256

Ibis-Xenia si impegna nella difesa dell'ambiente
e per questo stampa su carta prodotta a partire
da boschi gestiti in maniera responsabile.

Finito di stampare nel mese di ottobre 2019 da Joelle srl.